CONTEMPORARY WINDOWS

CONTEMPORARY
WINDOWS

窓のデザイン

アマンダ・ベイリー 著
越智 由香 訳

contemporary windows

AMANDA BAILLIEU

First published in Great Britain in 2003 by Mitchell Beazley,
an imprint of Octopus Publishing Group Ltd,
2–4 Heron Quays, Docklands, London E14 4JP

Commissioning Editor **Mark Fletcher**
Executive Editor **Hannah Barnes-Murphy**
Art Director **Vivienne Brar**
Project Editor **Emily Asquith**
Editor **Kirsty Seymour-Ure**
Designer **Colin Goody**
Production **Kieran Connelly**
Picture Research **Helen Stallion**
Proof Reader **Joan Porter**
Indexer **Richard Bird**

Printed and bound in China

表題ページ　せんだいメディアテーク　宮城県仙台市　設計　伊東豊雄

目次ページ　フランス国立図書館　フランス、パリ　設計　ドミニク・ペロー

6ページ　ロンドンに建つイニゴ・ジョーンズのバンケティングハウス(1619-21年)はホワイトホール宮殿再建を目指したジェームズ1世の野心的な計画の一部であった。パラディオから直接影響を受けたこの建物はそれまでの英国建築とは全く異なった。窓は特に複雑なデザインで、上部に弓形と三角形のペディメントを戴いた張り出し窓が交互に並び、それぞれの窓の間はイオニア式円柱で隔てられている。1585年に元の窓は取り外されサッシュに交換された。

Photographic Credits
Key: b = bottom; c = centre; l = left; r = right; t = top
Adjaye and Associates: **168**tr
Alsop and Stormer: **89**
Arcaid/Richard Bryant: Architect: Gerrit Rietveld: **15**
Archphoto/Eduard Hueber/Architect: Baumschlager & Eberle: **164–167**
Hiroyuki Arima: **51**b
Artur/Dieter Leistner/Architect: Christoph Mackler: **98–99**, **100–101**, **101**
Shigeru Ban: **31**b
Baumschlager & Eberle: **167**b
Benson and Forsyth: **128**
Hélène Binet/Architect: Caruso St John: **54**l, **55**
Bitter Bredt/Architect: Sauerbruch & Hutton: **75**, **76–77**; Architects: Daniel Libeskind: **112**, **114**tl, **114**tr, **115**
Bridgeman Art Library/British Tourist Authority: **11**; Metropolitan Museum of Art, NY: **8–9**; O'Shea Art Gallery, London: **6–7**,
Wendell Burnett: **71**b
Caruso St John: **54**r
David Chipperfield: **56**
Corbis: **9**, **10**, **12–13**, **17**, **19**, **20–21**, **114**
Daniel Dethier: **32**b
Daniel Dethier/Jean Paul Legros: **22–23**, **32–33**, **33**b
Lyndon Douglas/Architect: Adjaye & Associates: **168**tl, **169**
Esto Photographic/Peter Aaron: Architect: Carlos Zapata: **46–47**, **58–59**, **60**, **61**tr; Jeff Goldberg/Architect: Rick Joy: **140–141**, **156**, **157**, **158**tl, **158**tr, **159**; John Gollings/Architect: Glenn Murcutt: **142–143**. **144**, **145**tl, **145**tr; Robert Schezen/Architect: Carlos Zapata: **61**tl
Earl Forbes/Architect: Alan Jones: **52–53**, **52**b
Frank Gehry: **116**b
Sean Godsell: **36**b
Sean Godsell/ Earl Carter: **36**t, **37**
Luis Gordoa/Ten Arquitectos: **34–35**
Grafton Architects: **81**
Hiroyuki Hirai/ Shigeru Ban: **28–29**, **30**, **31**tl, **31**tr
Steven Holl: **95**, **96**b
Tim Hursley/Architect: Wendell Burnett: **70**, **70–71**; Scogin Elam & Bray: **62–63**, **64**tl, **64**tr, **65**
Alan Jones: **53**b
Rick Joy: **158**b
Nicholas Kane/Architect: MVRDV: **150–151**, **152**tl, **152**tr, **153**
Annette Kisling/Architect: Sauerbruch & Hutton: **77**
Lucien Le Grange: **154**b
Ronnie Leviton/Architects: Lucien Le Grange: **154**t, **155**
Lyons Architects: **86**b
Christoph Mackler: **98**
Duccio Malagamba/Architect: Rafael Moneo: **106–107**, **134–135**, **135**
Daniel Malhao Fotografia/Architect: Manuela Rocha de Aires Mateus: **132**, **133**
Mein Photo/Architect: Lyons: **84**, **85**, **86**, **86–87**, **87**b
Denance Michel/Architect: Renzo Piano: **40**, **42**tl, **42**tr, **43**
Miralles & Tagliabue: **139**b
Rafael Moneo: **134**b
Eric Morin/Architect: Miralles & Tagliabue: **136**, **137**, **138**, **139**tl, **139**tr
Harald Muller/Architect: Gigon Guyer: **92**, **93**,
Glenn Murcutt & Associates, Wendy Lewin Architect & Reg Lark Architect: **142**b
MVRDV: **151**
Nacàsa & Partners/Architect: Toyo Ito: **2**
Koji Okamato/Architect: Hiroyuki Arima: **48**, **48–49**, **50**, **51**tl, **51**tr
OMA/Rem Koolhass: **147**
Paramount courtesy the Kobal Collection: **16**
Renzo Piano: **41**
Marvin Rand/Architect: Pugh & Scarpa: **170–171**
Christian Richters: **5**; Architect: Frank Gehry: **116–117**, **118**, **119**tl, **119**tr
Richard Rogers Partnership: **102–105**
Simone Rosenberg & Matthias Broneske/Architect: Hoger Hare: **124–127**
Philippe Ruault/Architect: Jean Nouvel: **38–39**
Hiro Sakaguchi/Architect: Toyo Ito **44–45**
Sauerbruch & Hutton: **74**
Scogin Elam & Bray: **63**b
Vaclav Sedy/Architect: Gmur & Vacchini: **160–161**, **162**tl, **162**tr, **163**
Jussi Tiainen/Architects: Viiva: **25**, **26**, **27**tl, **27**tr
View Pictures/Peter Cook/Architect: Herzog de Meuron: **66**, **67**, **68**, **69**; Architect: Ortner & Ortner: **108**, **109**, **110–111**, **111**; Architect: Michael Wilford: **121**, **122**, **123**tl, **123**tr; Dennis Gilbert/Architect: Benson & Forsyth: Front Cover, **129**, **130**, **131**tl, **131**tr; Architect: David Chipperfield: **56–57**, **57**b; Architect: Grafton: **80–81**, **82**tl, **82**tr, **83**; Architect: Daniel Libeskind: Back Cover, **113**; Richard Glover/Architect: Alsop & Stormer: **72–73**, **88–89**, **90**tl, **90**tr, **90–91**; Paul Rafferty/Architect: Le Corbusier: **18–19**;
Viiva Architects: **24**
Paul Warchol Photography/Architect: Steven Holl: **94–95**, **96**tl, **96**tr, **97**,
Hans Werlemann/Architect: OMA/Rem Koolhaas: **146**, **146–147**, **148–149**, **149**
Michael Wilford: **120**
Takashi Yamaguchi: **78–79**
Carlos Zapata: **61**b

目次

6 窓の歴史

22 境界を曖昧にする窓
VIIVA建築事務所／坂 茂／ダニエル・デティエル／
テン・アルキテクトス／ショーン・ゴッドセル／ジャン・ヌーベル／
レンゾ・ピアノ／伊東豊雄

46 景観をフレーミングする窓
有馬裕之／アラン・ジョーンズ／カルーソ・セント・ジョン／
デイヴィッド・チッパーフィールド／カルロス・サパタ／
スコーギン・エラム・アンド・ブレイ／
ヘルツォーク・アンド・ド・ムーロン／ウェンデル・バーネット

72 色彩と幻想
ザウアーブルッフ・ハットン／山口隆／グラフトン・アーキテクツ／
ライアンズ／オールソップ・アンド・ステーマー／ギゴン/ゴヤー／
スティーブン・ホール／クリストフ・マックラー／
リチャード・ロジャース・パートナーシップ

106 公共施設における表現
オルトナー・アンド・オルトナー／ダニエル・リベスキンド／
フランク・ゲーリー／マイケル・ウィルフォード・アンド・パートナーズ／
ヘーガー・ヘーア／ベンソン・アンド・フォーサイス／
アイレス・マテウス・アンド・アソシエイツ／ラファエル・モネオ／
エンリク・ミラーレス

140 新たな課題
グレン・マーカット／レム・コールハース／MVRVD／
リュシアン・ル・グランジュ／リック・ジョイ／
グミュール・アンド・ヴァッキーニ／バウムシュラーガー・アンド・エベルレ／
デイヴィッド・アジェイ／ピュー+スカルパ

172 索引

The BANQUETING HOUSE

窓の歴史

絵画の場合と同様に、文学において窓は、雰囲気を変えたり感情の移り変わりを示すためのモチーフ、すなわち、窓の向こうの世界から不意に切り離された閉鎖空間の象徴として用いられている。

ゴッホがサン・レミの精神病院の窓に対して抱いていた思いは、その陽光にあふれた雰囲気にもかかわらず、マチスが窓に対して抱いていた楽しい気持ちとはまず混同されることのないものである。ゴッホにとって窓はむしろ個人の経験を記録するものであり、窓辺の瓶や壁の絵といった細々としたもの1つ1つにゴッホのパーソナリティあるいは心の状態が投影されているかのようだ。

窓は比喩としてもよく使われる。エリザベス1世の「人々の心に窓をつけるようなことは望まぬ」との発言は、彼女の治世における宗教的寛容を簡潔に説明した言葉であったが、ロマン派の詩人たちにとっては、窓は「魔法の開き窓」、すなわち夢や憧れの象徴であった。ともかく窓の向こうにはよりよい世界があると考えられているのである。

現代詩人フィリップ・ラーキンの作品“High Windows(縦長窓)”では、窓は後悔と空虚感を象徴している。この詩の中で窓はきらきらと輝く無とも言うべき世界へと続くものとして描かれているが、これはおそらく近づきつつある老年期と死に対するラーキンの思いが表されたものである。

窓はそれを通して外を眺める場であると共にのぞき込む場でもある。もう1つの現実への入口として描かれる絵画の場合と異なり、窓が生まれた初期の頃は窓を通して見るということはのぞき見のような形態をとっていたが、そこにある現実は不変のものだ。アラン・マクファーレンとゲリー・マーティンがその共著“Glass Bathyscaphe（ガラスの深海潜水艇）”で指摘するように、「ヨーロッパの富裕層にとって住宅はカメラのレンズあるいはのぞき穴のような機能を果たすようになり、人々は弱い明かりの中に腰を下ろし、窓の外の豊かな色彩を眺めた」のである。または、オランダの室内空間のように、窓から差し込む光で満たされた部屋をのぞき込んだのである。

スパイ行為は他人の家を窓からのぞき見る行為の延長上にある。アルフレッド・ヒッチコック監督の映画『裏窓』では、リビングルームの窓から見えるものと見えないものを中心に描いているが、監督は窓を使ってのぞき見、困惑、陰謀を示唆しつつ、開放状態や外から見られることに対する決まり切った発想を抱かせたのである。

画家にとって窓は空間的奥行の表現やモデルのフレーミングの手段の1つである。例えばフェルメールらの画家たちは、裕福なオランダ人の家の中に鉛枠の窓を通して入り込む光を捉えた。しかし、窓が果たした最も重要な役割はおそらく遠近法の誕生における役割であっただろう。完璧な芸術を求めた人々に対し、レオナルド・ダ・ヴィンチはガラス窓を使うことを勧めた。彼の記述によれば、「頭が動かないように道具を使って固定」し、次に「窓の向こうに見えるもの」をガラスの上に印をつけ、得られたイメージをガラスの上においた紙の上からトレースするのである。つまり、窓を通して見るということは、ものを遠近法で見るということであり、画家がそれを理解するにはただ忍耐のみが必要とされたのだ。

建築家と窓の関係もそれに劣らず複雑である。文筆家や画家にとって窓がある役割を果たすのと同じように、建築設計家にとっても窓は象徴的な役割を果たすが、彼らにとって窓は、利用できる技術に制限がある中で採光や通風、眺望を確保するという三重の機能を果たさねばならないものでもある。創世記の中でノアは方舟の中に46㎠の大きさの窓を1つだけ作るよう指示された。方舟を建造する材料つまり木材、および建造方法について、ほぼあらゆる点にこのような細かな指示が出された。もしもう1つ窓があったなら、方舟は40日40夜の間持ちこたえることはできなかったのかもしれない。

上
ヨハネス・フェルメール、『水差しを持つ若い女』、1664-5年頃。フェルメールは鉛枠の窓越しに差し込む光の感覚や、その光が部屋の中のものと相互作用を生み出し、ものと結びつく様子を見事に捉えている。

右
シャルトル大聖堂、北翼廊の薔薇窓。ゴシック建築では絵画表現の場はそのほとんどすべてが光のタペストリー、すなわち窓に限定されている。

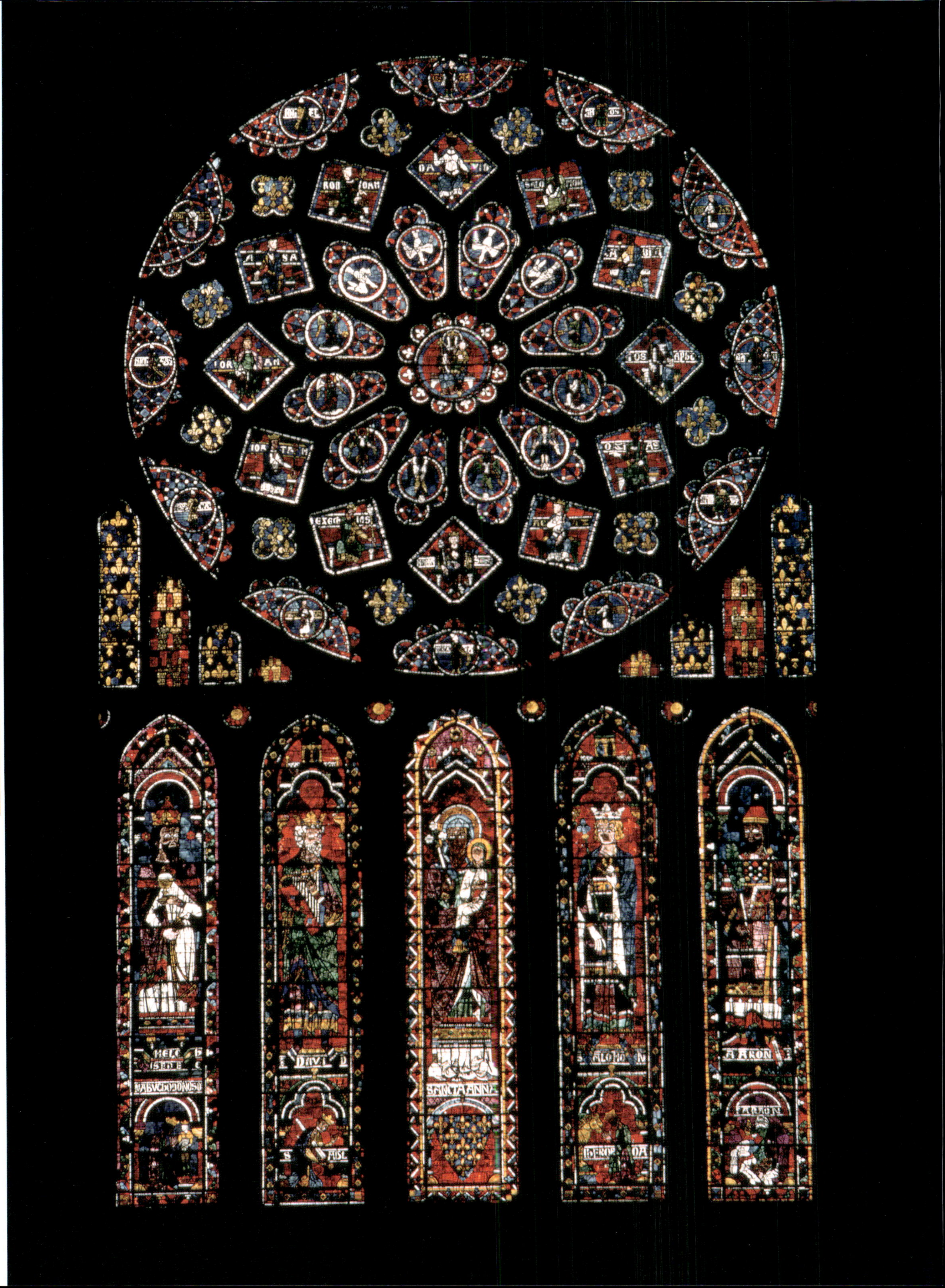

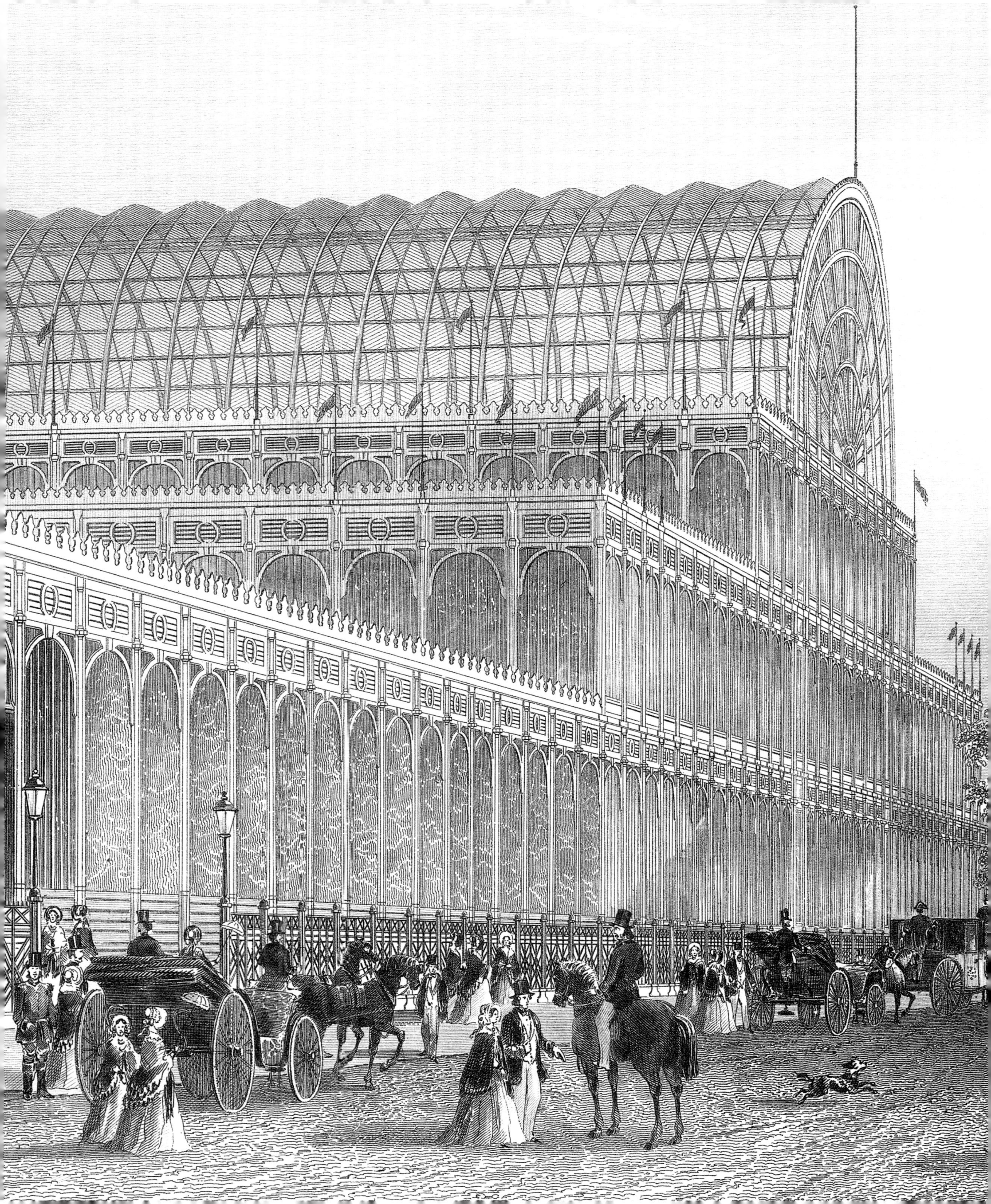

英語の“window”は“wind eye（風の目）”を意味するアイスランド古語vindaugaに由来し、文字通り、葦やつる性の木でできた格子で守られた開口部を指す。最も素朴な形の窓は、単に戸口が変形したもので、風雨をある程度防御しつつ建物に光を取り入れるためのもう1つの手段であった。北欧の初期の窓で材料として他に使われたものとしては、羊や山羊の薄い皮や角を薄く削いだもの、亜麻仁油を含浸させた紙などがあり、光を通すのに十分な透明性がある限りあらゆるものが用いられた。このようなガラスの代替品は安価でもあり、この事実は北欧で窓が発展した理由を補足している。一方、温暖な地中海性気候の地域では、ギリシャ人は熱にあわせた設計を行い、ポルティコ（柱廊）やコロネード（列柱廊）をベースとした洗練された建築物を作り、ムーア人やスペイン人は日陰ができるパティオ（中庭）を作り、空気が涼しくなるようにその中央に噴水を配した。また、日本でもその高温多湿な気候から窓は不必要であった。日本人はむしろガラス製造技術を装飾品に応用することを選んだのであるが、もし初期にガラス窓が作られていたとしても地震の振動で粉々になっていたであろう。そのため、彼らはガラスの代わりに紙製のスクリーン（障子）を用いて光を取り入れつつ風を遮断した。

ローマ人は実際にガラスを窓に用いた。最大のガラス窓として知られているものは、ポンペイの公衆浴場で用いられたもので大きさは112×81cmあったが、これはガラスが大量に使用されるようになるずっと以前の話である。ガラスの大量使用が可能となったのは、技術開発によってより安価でより性能が良くなったためではなく、キリスト教会の介入によるものであった。11世紀までに色絵ガラスが教会の記録の中で非常に頻繁に言及されており、特に神を称える手段の1つとして窓ガラスの整備に時間と資金をつぎ込んだベネディクト会の文書にはそれが顕著であった。しかし、10世紀のものも11世紀のものも現存している窓はなく、12世紀のものも明確に特定可能な窓はほとんどない。はっきりわかっているのは、これらの教会の窓は小さく非常に暗かったため、外を眺めることを促したり、また眺めたいと思わせないことによって、内装の本質的部分の一部となったという点である。教会建築家が皆ガラスに頼っていたわけではない。ラベンナに5世紀に建立されたガッラ・プラチディアの霊廟では、ビザンチン時代の建築家が薄暗い夜の闇を不思議な淡い光——薄く削った雪花石膏（アラバスター）の窓を通って差し込む光——で満たした。

左
完成までの工期がわずか17ヶ月であったジョゼフ・パクストンの水晶宮（クリスタルパレス）は1851年にロンドンで開催された大博覧会の目玉となった。1936年に焼失したものの、プレファブ建築の初期の代表例として知られる。

下
ダービーシャーのハドンホールの中のロングギャラリーは、小さなマリオン窓を上下左右に配置することで1つの長窓が構成できるという応用の柔軟性を示している。

12世紀になって教会がそれまで強固な耐力壁で支えられていたのに代わって、ピアやシャフト、リブからなる骨組で支えられるようになり、壁厚は薄く、窓は大きくなった。ゴシック様式の登場は窓にとって転換点であった。窓はもはや小さなつつましい存在ではなくなり、教会や大聖堂の内部を、あらゆる客観的な知覚が打ち砕かれ、形が無に帰すような神秘的な場に演出するために用いられた。シャルルル大聖堂の色ガラスの形は無数の宝石のように我々の目を眩ませる。ガラスはただ日光を透過するだけでなく、それ自体が思いがけない輝きを放っているように見えるのである。

ゴシック建築へのガラスの影響については疑う余地もない。光を照らすための広い空間を残し、必要最小限なものを優美に構成するという構造物の概念は、ガラスの存在なしには決して実現できなかった。マリオンやより幅広になったステンドグラスを伴ってますます大きくなる窓の開口部を支えるために、ゴシック時代の石工はフランスの発明であるトレーサリーを導入した。

しかし、教会建築から離れた部分では話はやや異なっていた。北欧での窓は風雨だけでなく、略奪者の侵入を避けるために小さなままであった。ノルマン人は壁の高い位置に上部が半円形または四角形で幅が30㎝から46㎝、高さが約122㎝の窓を作った。これらの窓は基本的に見張りのためのものであったが、それは「安全」が光よりも重要であると考えられていたためで、大きな窓の場合はルーバーやシャッターが備えられていた。教会ですら襲撃に注意しなければならず、ベネチア近くのトルチェロ島に立つ大聖堂では、窓は高い位置に設けられ、襲撃に備えて重厚な一枚岩のシャッターで守られていた。

もう1つの理由は費用にあった。19世紀に薄い板ガラスが量産されるようになるまでは、ガラスは高価であり、比較的小さなものしか手に入らなかったのである。15世紀や16世紀の格子窓は、鉛の「桟」に組み込む「クォーリー」と呼ばれる小さなガラス板しか必要としなかったことから長く流行し、様々な大きさや形の窓の製作が可能になるようなシステムが考案されたのは、ガラスがより豊富に供給されるようになってからであった。このことが最終的に、ガラスをはめ込む小さなユニットを上下左右に配置することで作られるチューダー窓すなわちマリオン窓の誕生につながり、イングランドのダービーシャーに立つハドンホールのようなエリザベス王朝様式の大邸宅に見られる精巧な窓割りの設計が可能となった。大規模な建物には必ずガラス窓が使われていたが、ガラスの利用が一般的となったのは16世紀後期に大きなファームハウスやタウンハウスに限られた。小さな住宅については17世紀後期になってより大きな窓ガラスが手に入るようになり、長方形への加工が可能になるまで待たねばならなかった。

17世紀になって角形出窓やオリエル窓、さらに弓形出窓などが出現し始めるまでは窓はファサードと面一に設けられていた。これらの出窓はいずれも中世のオリエルにルーツを持つ。オリエルというのはラテン語のoratoriolum、すなわち小さな礼拝場所を意味している。上階の張り出した部分の下に邸内礼拝室が設けられ、ここで屋敷の主や客が礼拝を行うのである。15世紀や16世紀の建築施工者はドーマー（dormer）窓も導入した。宿泊用ア

右
パラディオの建築原理は壮大なカントリーハウスだけでなく都市部の小さな建物にも応用された。その好例の1つが1767年から1775年の間にジョン・ウッド（子）によって建てられたバースのロイヤルクレセントである。

K A

パートメントすなわち寄宿舎(dormitory)にその名を由来するこの窓は、勾配屋根を突き刺すように設けられ、屋根から突き出すように小切妻が設けうれていることも多い。

サッシュ(sash)は17世紀後期にオランダ人によって伝えられ、30年も経たない内に大半の古い住宅に元々あったマリオンが削り取られ、代わりにサッシュがはめ込まれた。開き窓と異なり、垂直に滑らせることで開く上げ下げ窓は丁番で吊るされていた。上げ下げ窓は2枚の枠で囲まれた部分からなり、2枚は無目鴨居で重なり、窓枠の溝に沿って上下にスライドし、その動きは重りつき滑車で制御された。旧式に見える開き窓のように空間的な妨げになることなく大きなガラス面を設けるという点で、サッシュはより効果的な働きをした。イングランドでのより大きな窓ガラスの需要は、1685年のナント勅令廃止後に多数のユグノー教徒のガラス職人が流入したことによって加速した。この1685年という年は奇しくもロンドンのバンケティングハウスの窓ガラスの入れ替えでガラスを必要とした年でもあった。これらを背景としてガラスの品質が改善し、利用できるサイズの種類も広がった。

上

ヘリット・リートフェルトによるシュロイダー邸(1925年)は意図的に非対称に設計されており、様々に構成が変化する奇抜なアイデアにあふれている。たとえば、2階の2つの窓を直角に開くと南西のコーナーを完全に消してしまう効果がある。

左

ファグス工場はウォルター・グロピウスが初めて請負った建築設計であった。1911年に完成したこの工場はパートナーのアドルフ・マイヤーとの共同設計によるもので、床スラブから吊り下げたガラスのカーテンウォールとコーナー部分の細長いマリオンは時代のはるか先を行くものであった。

上げ下げ窓は18世紀にかけて圧倒的に普及したが、これは主にジョージ王朝様式やパラディオ様式が秩序や規律を追求したことによるものであった。19世紀の変わり目に建築家のウィリアム・チェンバーズ卿はその著書の中で適切な正確性についての問題をまとめている。それによれば、「窓についてまず考慮すべきことはその大きさである。窓の大きさは気候および窓から光を取り入れる部屋の広さによって決まる」パラディオは「窓は部屋の4分の1よりも広すぎず、5分の1よりも狭すぎてはならない。また、高さは窓幅の$2\frac{1}{6}$倍でなければならない」と述べている。言い換えれば、巨匠の教えに忠実に従うには自由度はほとんどないということである。

典型的なジョージ王朝様式住宅の居住条件や建築条件の水準を引き上げた1774年のロンドン建築法の下では、窓枠は壁面に相欠きで組み込むことが求められた。これにより視点は窓枠から離れて桟の比率へと移ることになった。当時、桟は数世紀を経て既に非常に繊細なものとなっていた。しかし、まだ変わろうとしているものもあり、それは人間と自然との関係であった。18世紀までは「眺めの良い部屋」という発想はほとんどの人々にとって忌むべきものであった。住宅は避難場所あるいは人間を自然界から切り離す場所として建てられ、窓は機能的なものであり、自然を見つめたり賞賛する上での有利性とは無関係であったのだ。18世紀における経済および科学の発展により、新たな視点、すなわち、自然はそれ自体が鑑賞の対象となり得るという考えが生まれた。18世紀中期の角形出窓の再登場は単なる建築界の懐古趣味ではなく、贅を尽くした応接間から自然を愛でたいという

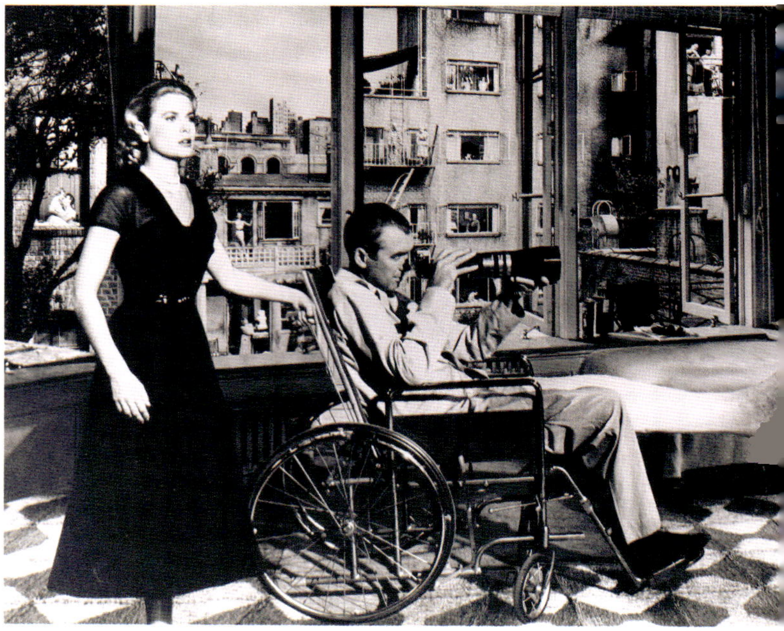

新興富裕層の地主たちの欲望によるものであった。

1800年以降の窓の発展は事実上ごくわずかであった。進歩を表現するには新技術や審美的形態が必要であるとの認識はあったものの、19世紀の建築家は技術を試すことよりもスタイルについて考えを巡らすことに興味を持っていた。その例外がジョセフ・パクストンの水晶宮(クリスタルパレス)である。鉄とガラスを用いたプレファブ建築によるこの建物の壁は、初の透明壁つまり無窓壁であったが、ここに表されたアイデアは、建物(主に産業用建物)が最終的に伝統的な窓を取り去ってしまうまで60年間にわたって封印されることとなった。

ドイツのアルフェルドに立つファグス工場は若き日のウォルター・グロピウスが1911年に設計したものであるが、窓のない建物であった、というよりも建物一面が窓でできていた。ファグス工場のガラスのカーテンウォールとガラス張りのコーナー部分は、当時最もスタイリッシュで時代の先端を行く建物の1つとして特徴づけている点である。初期のモダニズムには古い慣習を打ち破った窓を用いた建物があふれていた。それらの中には、スコットランド的なものとイングランドのゴシック建築のリバイバル、およびバロック建築を融合させて全く新しいものを作り出したチャールズ・レニー・マッキントッシュのグラスゴー美術学校(1897-1909年)もあった。その最も素晴らしい空間である図書館にも3つのオリエル窓を特徴とする非常に独創的な立面が生み出されていた。高く、細長く、透明な窓は緊張感のある正方形の格子で区切られており、このようなデザインはかつてないものであった。

それから20年も経たないうちに、全く異なるタイプの窓が若きオランダ人建築家ヘリット・リートフェルトによって提唱されようとしていた。彼が1925年にユトレヒトに建てたシュロイダー邸は現代建築の重要なランドマークの1つである。1枚の抽象デザイン、より正確に言うなら、彼とほぼ同時期に活躍したピート・モンドリアンの抽象画の構成のようなものを作りたいというリートフェルトの望みを満たすべく、窓は家の中の他の構成要素のように単なる面として扱われた。しかしこの住宅には柔軟性を備えた設計もされており、スライド式の間仕切りと、直角に開くことで家のコーナー部分をなくし構成を変化させる窓によって内部が変えられるという新しい概念を示された。

ある高名な婦人科医のためにピエール・シャローとベルナール・ビジヴォという2人の建築家がパリに建てたガラスの家は他の可能性を切り拓いた。この家はほぼ全体がガラスで作られており、窓の必要性は全く取り払われていたのである。しかし、その後に作られたガラスを用いた家とは異なり、この家にはプライバシーがきちんと確保されていた。ガラスブロックはこの2人の建築家が先駆けて用いたものであるが、光を最大限に

上
映画監督アルフレッド・ヒッチコックはのぞき趣味、すなわち、誰かを見つめることに喜びを感じること、たいていの場合、見つめられる側は気づいていない、という行為に魅了され、それを元に映画『裏窓』を製作した。

右
チャールズ・レニー・マッキントッシュのグラスゴー美術学校の西側ファサードは金属とガラスでできた窓が石造りの広く地味な部分に対して並列に配置された大胆かつ斬新な構成となっている。窓の脇にある半円柱は彫刻を施すために設けられたが実行されなかった。

利用しつつも外から中を見られることはなかった――1階は診療所であることからこれは施主の依頼事項の中で重要な部分であった。

この住宅は「窓がない」と記述されることが多いが、開放可能な窓が設けられている。但し、本書で取り上げたレンゾ・ピアノによる東京のエルメス銀座店からわかるように、建物を覆うカーテンのようにガラスを使いつつ、内部に光を拡散させ、眺望とフレーミングは構造的には無関係でないにしても概念的に無関係なものにさせるという方法に影響を与えた。

上
ル・コルビュジエのサヴォア邸は、彼の建築に対する信条を明確に表したものである。その1つが光と眺望を取り入れるために家には長い水平窓を設けるべきであるというものであった。

ル・コルビュジエによる水平窓の推進は現代建築の可能性——鉄と鉄筋コンクリートの可能性——への呼応でもあり、1924年に出版された彼の著書“Vers une Architecture(建築をめざして)”で述べられた“Five Points for a New Architecture(近代建築の5原則)”の1つを構成するものであった。また、18世紀に登場した重すぎる桟から開放された上げ下げ窓のように、“fenetre en longueur(長い窓)”は景観をフレーミングする新たな方法であった。フレーミングについてのみならず、ル・コルビュジエのポワシーのサヴォア邸(1925-30年)は、屋外と屋内の間の視覚的および機能的曖昧さという概念を体現している。住宅全体がそのような区分を取り払おうと設計されたもので、窓——ガラスのはめられていない開口部、床から天井に伸びた窓、そして細長いピクチャーウィンドウ——は新しいライフスタイルに対する明るい気分に満ちている。建築家にとってこのことは過去のスタイルの打破と精密で論理的、非感情的な新たなスタイルの構築を意味した。

ル・コルビュジエは、建築の歴史は窓の歴史と同じであると主張したが、そのポイントは、ファサードに作られた規則的な開口部は1つの建築システムの純粋な表現だという点にある。その建築システムが鉄や鉄筋コンクリートの登場と共に変化したとき、表現もまた変化することが必然であった。それに同意しない人々と彼が衝突したのは避けられないことであった。師であったオーギュスト・ペレとの2種類の窓についての論争は豊富な資料が残されている。この2種類の窓とは、ペレが好んだ垂直窓つまりフランス窓とル・コルビュジエが支持した水平窓であった。さらに、彼らの見解の相違の根底には、単にそれぞれの窓の機能的メリットだけでなく、フランス文化の中に深く根ざした伝統をル・コルビュジエが拭い去ろうとしているとのペレの見方があった。

1965年にル・コルビュジエが亡くなるまでに、窓の代わりに壁全体がガラスでできた家——おそらく「まるで庭の中にいるかのように景観を身近に感じたい」という彼の願望に対する論理的結論であろう——が作られていた。

フィリップ・ジョンソンが自ら建てたコネチカット州ニューケーナンの住宅は、現代住宅における最も洗練された窓ガラスの使い方を具現化した例の1つであると考えられており、フランク・ロイド・ライトさえも当惑させた。「帽子を脱いだ方が良いですか、それともかぶったままでも良いのかな。屋内なのか屋外なのか区別がつかないよ」と、こ

上
ガラスでできたファサードを外から見た時に常に均一となるように、ミース・ファン・デル・ローエのレイクショアドライブ・アパートの各戸には灰色のカーテンが吊るされ、入居者はその内側にそれぞれの好みのカーテンを吊るすようになっていた。

の偉大な建築家は尋ねたのだった。

鉄骨の利用によってより短期間に経済的に建設が可能となり、建物の外観は実際に変化した。建物の軽量化が進み、構造的制限から自由になるにつれ、窓はもはやファサードに設けられた開口部ではなくなったのだ。ミース・ファン・デル・ローエの鉄骨とガラスだけでできたファンズワース邸が1回限りの作品であったとするなら、シカゴのレイクショアドライブ・アパート（1948-51年）は世界中でそれに対抗した作品が作られた。このアパートは鉄骨とガラスのカーテンウォールで作られた最初のタワービルディングで、窓は耐火コンクリートの下にある鉄骨構造をはっきりと表現している。

建築手法の1つとしてカーテンウォールは商業用事務所群のニーズを効果的に満たし、高層かつ廉価な建築を可能とし、さらに空調設備の登場によって窓の役割を永久に変えたのである。しかし、1980年代に豪華オフィスの建設がブームとなって以来、現代の窓を決定づけるものとして別の論点が存在している。まず1つ目は、窓の熱効率を高めて、1面ではなく2面のガラス面をとることができるマリオンの開発につなげる必要があるという点である。2つ目は、建築コストを低く抑えるための規格化が存在しているという点である。多くの建物はガラス施工も含め、既成製品を寄せ集めて作られており、創意を表現することは困難となっている。

このような制約の中で、窓は進化と変化を続けている。一方、ジーン・ヌーベルや伊東豊雄のように、窓とは堅固で静的なエンクロージャーに対する認識が消失するように取り除くべきファサードの一部にすぎない、と捉える建築家もいる。アメリカ人建築家のリック・ジョイとウェンデル・バーネットが設計した注文住宅は普通とは異なる風景の中に立っているが、屋内と屋外の間に窓がまだ介在するル・コルビュジエのスタイルをとっている。ロンドンやベルリン、ウィーンなどの歴史的都市では挑戦は困難である。これらの場所では、都市計画が定めた規則の遵守以外のことを建築家が行うのを熱狂的な保存主義者が困難にする可能性があるが、次のケーススタディに示されるように、それが革新を阻害することにはなっておらずむしろその逆である。空気を取り入れるために窓を開ける必要はもはやなくなった——おそらく窓の最も重要な機能を否定することであるが——一方で、かつて一部の批評家たちが恐れたように、連続させて単調なカーテンウォールを構成することによって窓が消滅したり吸収されてしまってはいない。かつて単なる開口部に過ぎなかったものは、現代建築家にとって強力な表現手段であり、かつ利用可能なコミュニケーション手段の中でも極めて純粋な形態の1つとなったのである。

右
フィリップ・ジョンソン、ガラスの家、コネチカット州ニューケーナン、1949年。透明ガラスとガラス越しに見える景観がレンガと鉄骨のアースカラーと組み合わさって、このガラスの家の不朽の魅力のある1つの要素を形成している。

境界を曖昧にする窓

建築家は常に可能性の限界を押し広げようとしている。もっともそれは、まるで実際には存在していないように見える建物を設計したいという願望とは矛盾しているように思われるかもしれないが、透明性の追求は1種の強迫観念となり、衰える気配がない。20世紀中期の板ガラスの開発は、屋外と屋内の境界を取り払うことができる建物へむけての暫定的な第1歩となったが、やがて建築家たちは建物の構造を利用して開放感と無重力感を増大させる方法に着目するようになった。光には反射と屈折によって面を消滅させる力があることから、光は建物の物質性を消去できるという考え方の中心となっている。しかし、ソリッドなものとソリッドでないものの間の曖昧性は、種類の異なる課題ではないと考える建築家は増えてきている。ミース・ファン・デル・ローエの箱形デザインは、本章で示すように現在も建築家たちに影響を与えているが、境界を曖昧にするということは、ミース的箱形デザインというよりもむしろ、閉鎖されることなく自由に浮遊する建築物を意味しているのである。

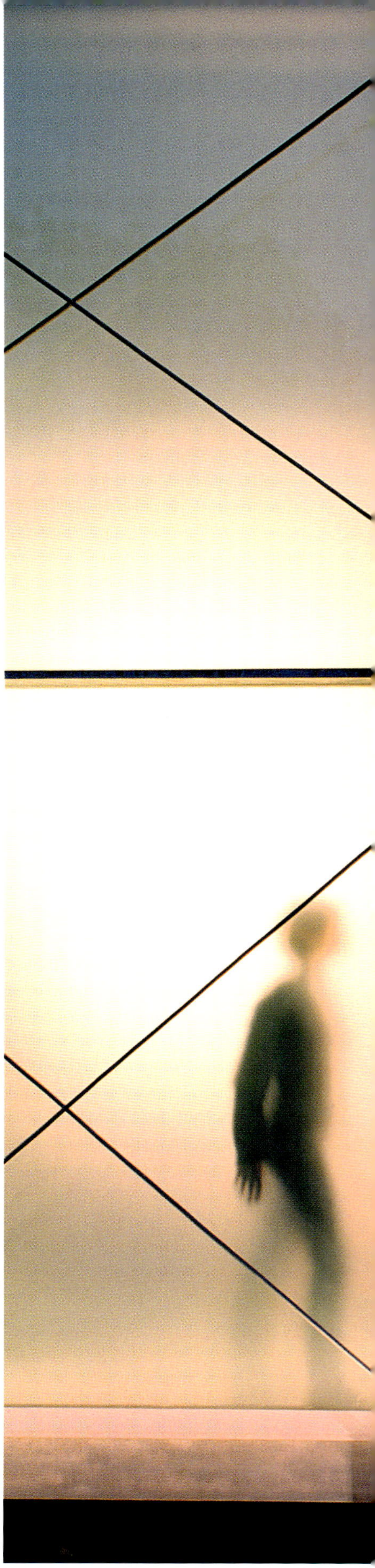

右
ベルギーに立つこの個人住宅はミース・ファン・デル・ローエのファンズワース邸のアイデアを取り入れたものである。ミースの設計のようにファサードは住宅が立つ敷地の緑の草を映し出しているが、透明ガラスではなくサンドブラストガラスを用いることにより、かすかに見える内部の様子がさらに謎めいた雰囲気となっている。

VIIVA建築事務所(VIIVA ARKKITEHTUURI)

フィンランド大使館、ドイツ・ベルリン、2000

新しい在ベルリン大使館の建設にあたり、フィンランド政府は同じ北欧の近隣国であるスウェーデン、ノルウェー、デンマーク、アイスランドの4カ国と協調して、各国の文化の同質性と多様性のバランスを表現するような建築物で構成された一種の飛び地を作り出すことを決定した。ティアガルテンの南端にある敷地全体は銅製の薄板でできた壁で取り囲まれているが、各国はそれぞれの大使館を有し、6つ目の区画はFellehusと呼ばれる共用建物となっており共同施設を備えている。各大使館の配置はそれぞれの国のおおまかな地理的位置関係を反映しており、池は入り組んだ海岸線を表している。

Viivaによるフィンランド大使館の設計は、バーガー+パルッキネンの全体考想に暗示されているように、国家のアイデンティティを現代的かつ様式的に表現するというテーマを取り入れたものである。木は北欧地域で広く用いられる最も一般的な建築材料で、日光は、その強度と明暗は1年を通して大きく変化することから、建物の設計において常に極めて重要な要素となっている。Viivaはこれらの2つの特徴に洗練を加え、1つの現代的なイディオムに翻訳した。飛び地の外壁の銅製外装材は、フィンランド大使館の区画部分では木製の羽根板でできたスキンに姿を変える。一見したところ不可解に見えるかもしれないが、太陽の動きにあわせて羽根板を開閉すると、昼光を建物の三重複層ガラス製インナースキンに透過させることが可能なのである。この木製の羽根板は、精密に組み立てられた丁番付で完全開放可能なパネルの内部に組み込まれている。

木製とガラス製という全く異なる2つのスキンは、効果が慎重に制御され、独特のスタイルを有するほとんど超現実的とも呼べる雰囲気を内部に醸し出している。1階建のエントランスロビーは高さ3階相当のアトリウムへと続く。アトリウムの中の2階レベルには銅製の外壁に設けられた窓から光が差し込み、魔法の力があると伝統的に信じられているナナカマドの木がある。光は空間を満たして木の魅力を高め、階段のアルミニウムのシャープな形と、屋根のすぐ下に浮かぶ会議室を包み込む曲合板の感覚的な美しさを引き立てている。

このコンペティション優勝設計案では、建物に隣接する他国の大使館のアイデンティティと上手く折り合いをつけつつ、全体構想に適合する現代的な方法でフィンランドの国民性を表現する手段をViivaは見出したのである。フィンランドが歴史的に木材と太陽の光に関心を寄せていたことをわかり易く伝えることで、このような北欧の伝統は現在でも生きており、伝統的生活の他の側面も現代世界に生き続けていることを暗示している。

右
ガラスのファサードは全体をポプラ材の羽根板で覆われ、この羽根板はベネチアンブラインドのように機能して内部を保護し、差し込む光を透過させている。

建物断面図

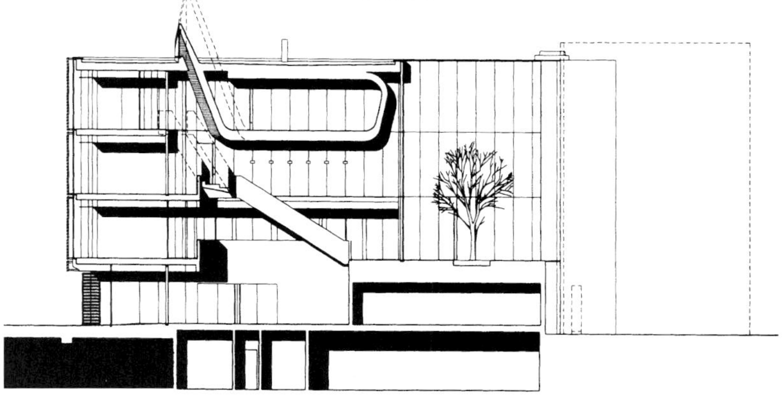

左
直線の階段は中央ホールの主要な構成要素でアルミニウム製パネルが貼られている。天井から吊り下げられたようにわずかに見えるのは、会議室を内包した木製箱形構造の丸みを帯びた外側部分である。

上
吊り下げ構造の会議室の外側は丸みを帯びた形で、床から壁、天井が一続きになっており、形状がランプと呼ばれるU字形のスケートボード用コースに似ていることから「スケートボードルーム」と愛称がつけられた。その形状、テクスチャー、色は建物の残り部分と著しい対比を見せている。

右上
夜間は羽根板のスクリーンは閉じられ、建物の基本形状を容易に認められるようになる。清燥や維持管理ができるよう個々のパネルは外側から手動で開放可能である。

坂茂（SHIGERU BAN）

はだかの家、埼玉県川越市、2001

東京の北約9㎞にある「はだかの家」は建築家坂茂が母国日本で建てた一連の実験的住宅の10作目である。その名前が示す通り、慣例は無視され、私的領域と公的領域の間の障壁は破壊されている。実際には、施主が自分の好みのプライバシーレベルを選択できるように様々なレベルの透明性の達成を、坂は試みている。また、紙や布といったマテリアルの新たな予期せぬ方法での使用を推進する実験を好んで行っている。

「はだかの家」の設計にあたって坂がインスピレーションを得たのは、三方を田圃に囲まれた敷地に最も近い建物として1軒の寺と並んで立っていた温室であった。しかし、目的とするレベルの透明性を達成することは、坂にとってかつてないほど大きな難問であることが判明した。まず最初に試みたことは、強化プラスチック波板と布製スキンの間に細断古紙を挟みこむものであったが、この詰め物は光を遮り過ぎた。次の実験は合成の「ヌードル」を用いたもので、このヌードルとは日本で果物に用いられる梱包材料の1種であった。この素材は光を取り入れつつ冷気に対する断熱材の役割も果たした。

「ヌードル」を使った作業は日本の意欲的な建築業者の手にも負えず、結局、予め耐火性物質を手動スプレーで塗布した密封可能なプラスチックバッグに梱包材を詰めるという作業を坂のスタッフが自力で行った。横122㎝×縦152㎝のプラスチックバッグを四角く分割して詰め物が下に沈まないようにし、細長い木製構造にスチール製クリップで固定した。ファサードには2層のグラスファイバー強化プラスチック波板が耐候性スキンを形成し、一方、内部の壁はフレームに取り付けられたナイロン製の膜で密封された。膜は簡単に外して洗濯できるようにマジックテープで取り付けた。

田園と新河岸《しんがし》川の景色が望めるよう、家の幅の狭い方の端はガラス張りとしている。しかし、北側ファサードの表玄関と小さなテラスに続く南側ファサードのドア式窓以外には、38㎝厚の壁には正方形の換気用開き窓が開けられているだけである。昼光を内部に溢れさせるための従来型の窓は必要とされていない。

右
キルト構造の壁に小さな正方形の窓が開口した内部には、全体的に伝統的な日本家屋の障子を思わせる効果が出ている。

上
南側ファサードのドア式窓は小さなテラスに続く。

左
家の名前が暗示するようにプライバシーはほとんどない。木枠の上に褐色の紙製ハニカムパネルを組み合わせて作ったボックスが家族のプライベートな隠れ家の役割を果たす。主に就寝を目的とした各ボックスはキャスターのついた扱いが簡単な伝統的な和室となっており、畳と引き戸式の間仕切り（襖）が備えられている。

右上
遠景から見た家。三方が田圃に面しており、外観は近隣の温室に似ている。

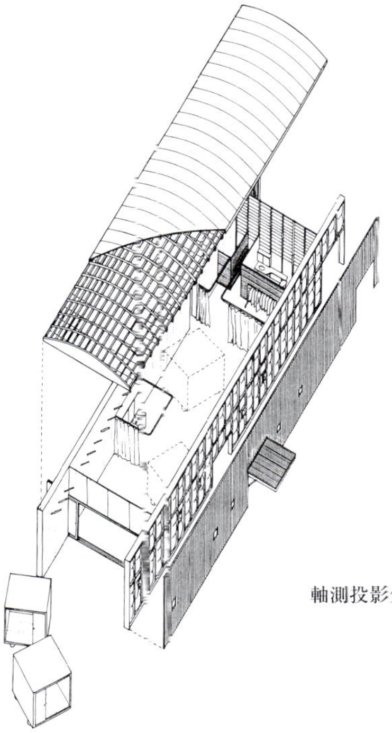
軸測投影分解図

ダニエル・デティエル(DANIEL DETHER)

個人住宅、ベルギー・ヴェルヴィエ、1999

ミース・ファン・デル・ローエのファンズワース邸が登場して以来、建築家たちはその軽量性と透明なインテリア空間を手本として切磋琢磨してきた。ファンズワース邸は20世紀中期に完成したものであるが、それ以前の時代の建築物とは一線を画しており、現在でも現代建築における転換点として位置づけられている。しかし、居住建物用の建築資材としてのガラスの選択は数々の問題を提起している。まず第一に、そして極めて明らかなこととして、プライバシーの点であまり役に立たない。住宅は伝統的に避難する場所であり、そこでは窓は光への変化する需要と安心感や充足感への欲求を満たさねばならなかった。

ベルギーの建築家ダニエル・デティエルが設計したようなすべてがガラスでできた家はむしろ別のメッセージを発している。デニス-オットマンズ家のために設計されたこの住宅は、ファンズワース邸同様に完全に第三者の詮索好きな目に晒されており、閉めるべきカーテンすらない。しかし、ベルビエの果樹園の真ん中という静かな田園環境にあることを考えれば、通行人はほとんどいないと施主は確信しているに違いないだろう。ファンズワース邸に似ているかもしれないが、この住宅には断熱ガラスという21世紀の文明の利器が用いられ、さらにスチール製の屋根は芝で覆われている。デティエルによれば、最新技術を用い、また、プレファブ化されたものを現場で組立てる家を設計することが彼の狙いであった。

ここではもちろん窓は表現されていない。というのも、家全体が1つの窓であり、その窓は周囲を映し出すと共に内部とも融合させているからである。開口部として設けられているのは正面と側面、玄関にある引き戸のみである。設計はシンプルで、建物の一辺の3m幅のベイ部分は壁で塞いで車庫と洗濯室とし、洗濯室には収納庫を併設してその上部に予備寝室を設けた。すべての設備は1階のアイランドユニットにまとめ、2つのバスルームは主寝室の奥まった部分の両側に、流しとコンロを備えたキッチンセットは外側に取り付けた。上部には開放型の書斎が中二階に設けられ、上り下りには、十字壁の扉からアクセスできる跳ね上げ式の階段を予備寝室と共用している。この一枚壁の隔壁は建物のメインの交差筋交として機能している。フレームが縦軸方向に崩壊しようとする動きに対しては、各層のベイ全面に対角線にクロスさせたロッドによる筋交が抵抗して働く。

空調設備はあるものの、南側ファサードの摺りガラス面にケーブルを伝って育った蔓草がだんだん厳しくなる太陽の暑さを遮ってボックス内部に陰を作り、同時に色や光、陰影のパターンの変化を見せている。

断面図

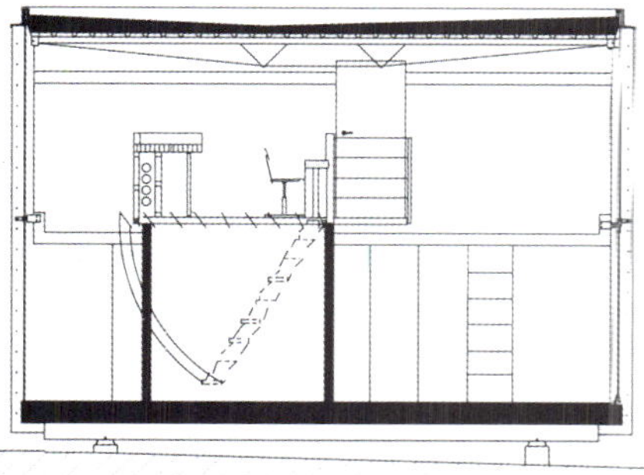

上
ガラスは芝で覆われたスチール製屋根で断熱されているが、果樹園の土地にできる限り跡をつけないようにするため構造は非常に軽量に作られている。

左
家全体がプレファブ状態で搬入し現場で組立られた1枚の窓となっている。主空間は通常は解放されているが、必要に応じて引き戸式の間仕切りで分割が可能である。

テン・アルキテクトス(TEN ARQUITECTOS)

オテルアビタ、メキシコ・メキシコシティー、2000

建築家エンリケ・ノルテンとベルナルド・ゴメス＝ピメンタは1985年に建築事務所テン・アルキテクトスを設立し、透明性と抽象性に対する彼らの概念を最もよく表すガラスとスチールという最小限のパレットを使って建築という絵を描いている。メキシコシティーのポランコ地区にある老朽化した集合住宅の建物をホテルに作り変える依頼を事務所が受けた際、「建物を新たなガラスのスキンで包み込む」という彼らお馴染みの力強い提案を行った。都市計画規制によれば、1950年代のブロックの解体はできず、改造を行う場合には激しい風と地震に耐えられるものであることが要求された。

新しいスキンは半透明の緑青色のサンドブラスト加工ガラス製で、古いコンクリートの構造から数m離れて浮かぶように設置されている。ホテルの36室それぞれは2枚のガラス、すなわち、外側の半透明ガラスと内側の透明ガラスを通して拡散する光で満たされる。この一枚ガラスでできた都会的な構成を損なわないようにするため、外壁には通風孔も開閉可能な窓もなく、建物に元からあった窓や引き戸式のガラス扉は外壁に囲まれたバルコニーに向かって開くこととなった。バルコニーは新旧のファサードの間の緩衝ゾーンに位置しており、物理的な空間を作り出すと共に気候上および音響上の影響をそらす働きもする。

密封されたボックスという概念には疑問があるものの、このような困難な現場では建築家の選択肢は制限されていた。また、目の覚めるような景色があるような場所でもなかった。実際、素晴らしいとは言えない景色であったことから外側のファサードにサンドブラスト加工していない透明部分を帯状に設けることで視界をコントロールすることを決めた。透明の帯状部分はランダムに配置されているように見えるが、実際にはその配置は慎重に決められており、宿泊客には編集された街の景色を見せる一方で、通行人に対してはミニマリスト・デザインの客室をちらりと見せて興味をかき立てるのである。

ホテルのプライベート領域が不透明ガラスで覆われたり仕切られているのと同様に、1階のパブリック領域には元の建物の奥まった部分に突付けしたガラスの新たな壁が設けられた。これによってロビーラウンジの見通しがきくようになり、あたかも豊かな都会の劇場のように見える。都市とのつながりを持たせながらプライバシー空間としてテン・アルキテクトスが唯一作り出したのは屋上の施設であった。6階建の建物の上では、都市が見せてくれるのはもはや混沌とした曖昧さではなく、ドラマチックな空と地平線なのである。

上
透明な帯状部分で客室からの眺めをコントロールしている。

右
夜になると、客室の使用状況に応じて照明点灯のパターンが変化し、建物はランタンのように見える。

縦断面図

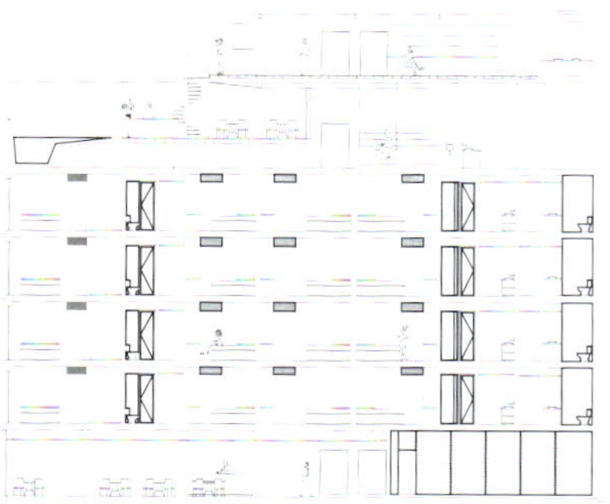

テン・アルキテクトス（TEN ARQUITECTOS）　オテルアビタ、メキシコ・メキシコシティー

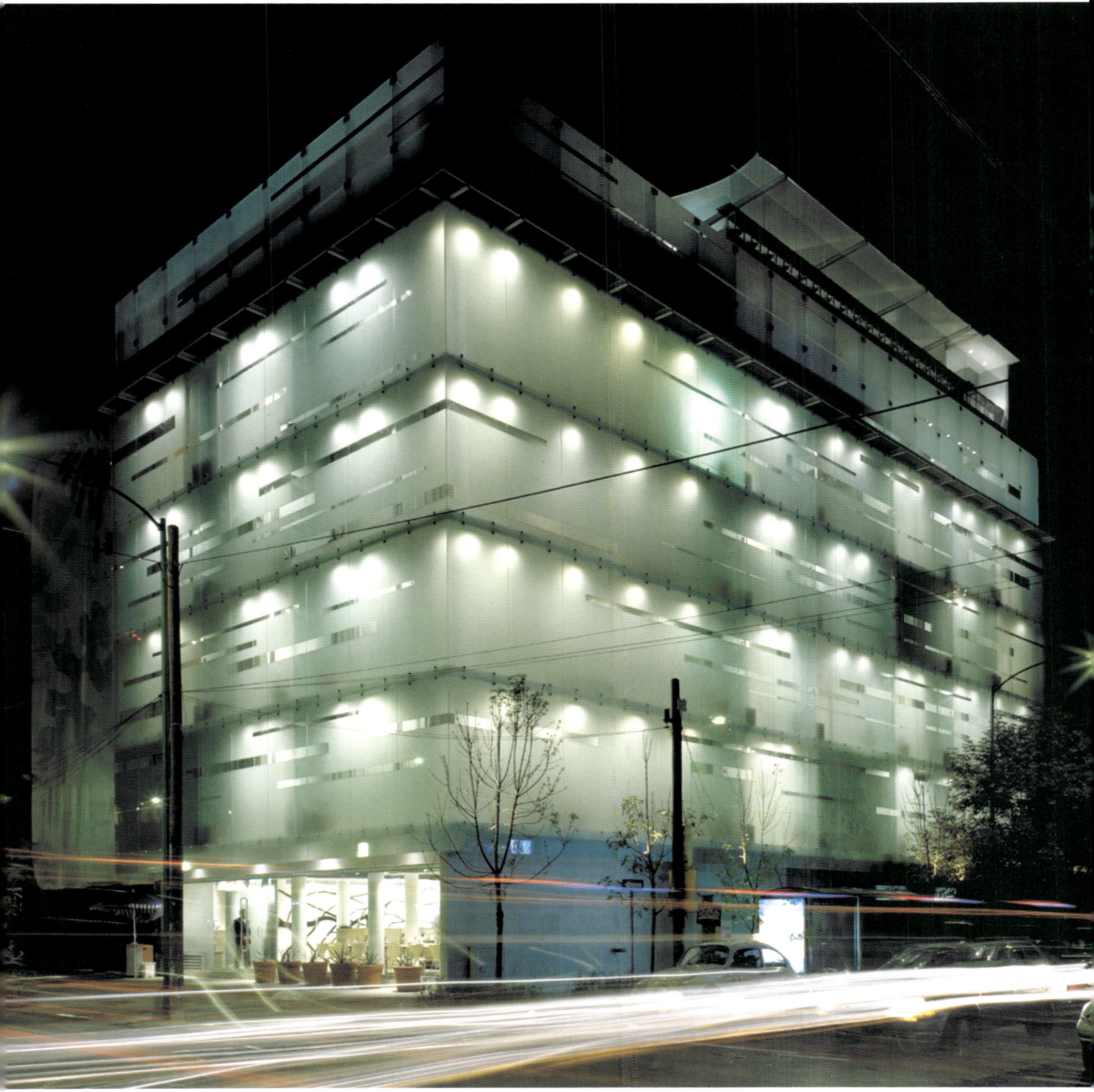

ショーン・ゴッドセル(SEAN GODSELL)

カーター/タッカー邸、オーストラリア・ビクトリア州ブリームリー、2000

地域の言語に対応しているだけでなく、東洋と西洋のデザインの知識と尊重が染み込んだ建築言語を発展させることへのショーン・ゴッドセルの興味から、一連の魅力的な注文住宅が生まれた。つい最近ゴッドセルはオーストラリアのビクトリア州ブリームリーの週末住宅であるカーター/タッカー邸を完成させた。

すべての住宅において、オーストラリア人建築家であるゴッドセルは、調節可能なルーバーシステムを用いて変化する光の状態の浮揚性を強調する方法を研究している。それによる効果は建物のエッジが曖昧になることであり、錆び鋼のような工業用材料を用いた場合でも、得られる表面の微妙な変化は同じオーストラリア人のグレン・マーカットのアルミニウム製スクリーンよりもむしろ日本建築の木製スクリーンに似ている。

中国や日本の建築へのゴッドセルの興味は、このカーター/タッカー邸に東洋と西洋の両方に共通する特徴であるベランダを取り入れて抽象化させた部分に最も遺憾なく発揮されている。オーストラリアのホームステッドと呼ばれる農場主の家には伝統的な広いベランダがあり、その一部が虫除け網やガラスで囲まれてサンルームになっていることもあるが、これには建物の垂直面を直射日光から避けるのを助ける目的もある。12×6mのボックスが砂丘の側面に埋め込まれ、地元の硬材の羽根板で作ったスキンに取り囲まれていることから一見するとこの住宅は無表情に見える。しかし、パネル状のシャッターを上にあげると家はその向こうにある起伏の激しい景観に対してその姿を明らかにする。

パネルを完全に上にあげると、天井と同じ高さから突き出たオーニングの役割を果たし、内部が完全に開放されて景観へとつながっているように見えるのであるが、その効果は特に最上階で顕著である。パネルの開閉は滑車と調製可能なガス圧式ブラケットを使ったやや複雑なシステムで行う。

住宅は3つの空間で構成されている。下階の1階は客用、中階は施主の寝室と小さなリビングスペース、最上階はリビングルームとダイニングルームになっている。各空間は、1日の中の時間帯や季節に応じて引き戸式の安全スクリーンまたはガラス扉で閉鎖することが可能である。例えば、中階では寝室がベランダにとなることもあれば、廊下が奥の間になることもある。内部では、引き戸式スクリーンによって必要に応じて空間を区切ったり結合させたりすることが可能である。

上
硬材の羽根板が線状の光を住宅の3層に注ぎ込む。

開閉可能な木製スクリーンと固定した木製スクリーンを示す壁部分の断面図

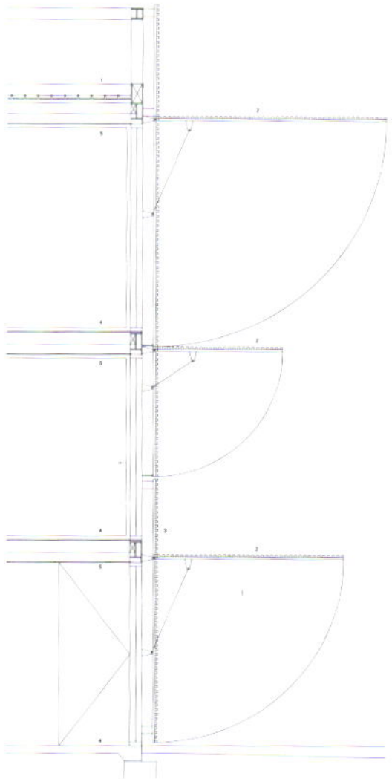

本頁
パネルを閉じていると木の箱のように見えるが、パネルを開くと特徴が変化し、光で満たされた家の内部が外部に向けて広がったような印象となる。

ジャン・ヌーベル(JEAN NOUVEL)

カルティエ財団、フランス・パリ、1994

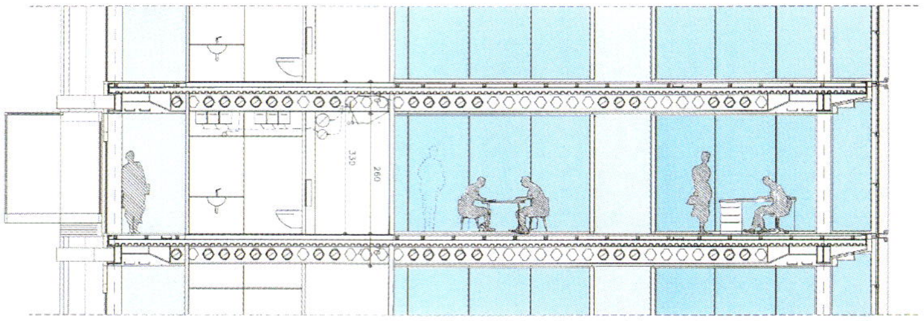

大きな非難を浴びたカーテンウォール——文字通り壁になる窓——は現時点ではその実験的初期段階から逸脱し、現代建築家にとって、もはやさほど強い興味の対象ではない。それでもなお、最先端の技術を駆使した例では、ガラス張り建築は人々の注目を集めるような視覚的錯覚を生み出し、他に類を見ない開放感と無重力感を呼び起こすことができる。今や建築家たちは、分解しほとんど消失してしまうかのように見えるファサードを作り出すことに関心を寄せている。

ジャン・ヌーベルはパリのカルティエ財団の建物の設計にあたり、この難題に取り組んだ。この建物は、時計メーカーであるカルティエの事務所と現代美術館スペースを兼ねたものである。ヌーベルが世界的な名声を確立したパリのアラブ世界研究所の設計では、彼はカメラのレンズからインスピレーションを得て、窓を自然光の量に応じて開閉するステンレススチールの虹彩として捉えると共にアラブの織物の模様からも着想を得た。

ここで用いられた建築学的な手品はさほど驚くようなものではない。建物は通りから少し奥に入ったところに立ち、6階建相当の自立構造の枠なし透明ガラスパネルからなる壁を通して来訪者が通りから目にするのは、大きく育った栗の木立のスクリーンである。視線を2枚目のスクリーンに移すと、最初のスクリーンの2倍の高さがあり、これが建物の正面ファサードであると気づくのにしばしの時間を必要とする。ファサードは間断なく建物自体の3つのベイと軒に沿った1つのベイへと続き、二次元スクリーンと三次元のエンクロージャーの間の区別を曖昧にしている。奥に続く3枚目のスクリーンにかけても同様の効果が演出されている。

Dematerialization(脱物質化)はさらに内側へと続く。レセプションエリアは、建物の中心部を経て階段とエレベーターへ続く単なる通路に過ぎない。その両側には2つの長方形のギャラリーがあり、それぞれの四面はガラス張りのカーテンウォールで囲まれている。ギャラリーは庭の延長のように見えるが、この効果は前面および後面のガラス壁を横方向にスライドさせることで増し、展示とパフォーマンスの両方の用途にとって柔軟に対応可能で十分な明るさのある空間として機能する。また、その大きなガラス壁は通行人に対してはショーウィンドウの役割を果たす。

オフィスフロアの断面図

右
ジャン・ヌーベルがこの建物を「明るさとガラス、繊細なスチールの格子構造……霞のような曖昧さとあふれるような活気が生み出す1編の詩」を表したものである、と説明しているように、きらめくスクリーンと木々に魅了されずにはいられないのである。

下
太陽の光が透明なウィンドウウォールを通して建物内のギャラリーに差し込み、それによって空間感が増し、内側と外側の間の境界が曖昧となる。

RÉAL
PARIS
の価値があるから。
MAXIM'S

レンゾ・ピアノ（RENZO PIANO）

エルメス銀座店、日本・東京都中央区、2000

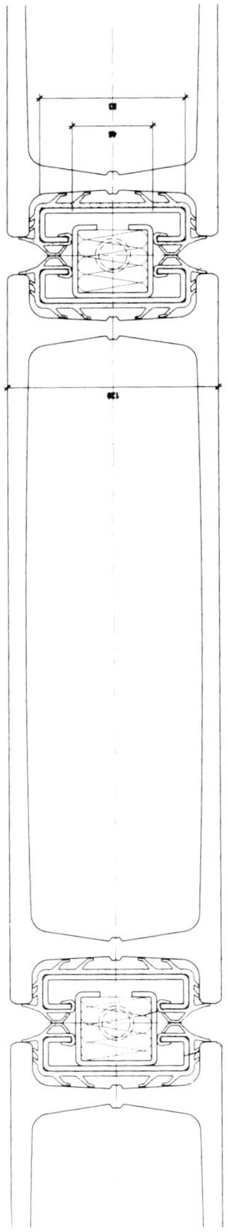

ガラスウォール断面図

左

様々な建築物が立ち並ぶ東京に、ランドマークビルを創り出す一方で日本の厳格な耐震基準にも適合させねばならないということは、美的観点と技術的観点の両面で難問であった。

東京銀座に立つレンゾ・ピアノ設計のエルメスの店舗は、店舗というものがあるべき姿に関するあらゆる慣習を打ち破っている。ショーウィンドウは店内の商品への購買意欲を刺激するためのものであるというのが原則であるが、エルメス銀座店は単なる店舗ではない。そこには博物館やギャラリー、映画館があり、これらによってある1つのテーマに沿った公共建物が効果的に構成されている。

わずか幅12mの細長い土地に立つ15階建のタワービルは比較的シンプルな構造で、1本の細長い強化コンクリート製サービスコアがあり、そこからオープンプランの階を片持ち梁で支えている。最も驚くべきは、ガラスブロックで作られた連続したカーテンウォールからなるそのスキンで、建物全体をそっと覆うベールのごとく鉄骨構造から吊り下がっているように見えるのである。

地震の頻度が極めて高い都市でガラスを選択することは不自然に思われるかもしれないが、レンゾ・ピアノはこのアイデアを固持した。「ガラスはあらゆるものへの鍵である。その透明性は親密性、すなわち見えているようで見えない状態の再現につながるのだ」と彼は言う。

建築通たちはこれがピエール・シャローが1932年にパリに建てたガラスの家へのオマージュであると指摘するが、レンゾ・ピアノは日本の紙製スクリーン、すなわち、窓ガラスの代わりに伝統的に用いられた障子も参考にした。障子は見事に拡散された光を部屋の中に導くだけでなく、地震の揺れに対して穏やかにたわむのである。

ガラスは暗い時はソリッドに見えるが、明るい時には建物内部のものだけでなく近隣の建物から姿形や色をとらえて集める。しかし、このガラスブロックが大きな鏡のような働きをする時でも建物は控えめな雰囲気を保っており、近隣の建物の大半が巨大なネオンサインを支える働きしかしていないように見えるのとは対照的である。

レンゾ・ピアノの透明性への追求は、ガラスブロックを支える細長いスチールのバーを「銀色に塗り」、全体として眺めた時にほとんど見えなくなるようにすることでさらに強化されている。夜になると建物はピアノが言うところの「魔法のランタン」となり、輝く巨大なクリスタルが光を放射するのである。

単体のガラスブロックはかつてないほどの大きさで、聞くところではエルメスのシルクスカーフの倍数の寸法（訳注：1/4倍）となっている。各ブロックは滑らかな面と窪みのある面からなり、手作業で仕上げられエッジ部分には鏡面塗装が施された。滑らかな面は研磨され、この面はショーウィンドウとしても使われている。

しかし、エルメス銀座店は通常の小売店舗ではないため、ピアノは通常のショーウィンドウを設ける必要はないと判断した。多少のウィンドウディスプレイは行われているものの、ガラスブロック1個分のサイズという非常に小規模なもので、わずかハンドバッグ1個あるいはエルメスの有名なシルクスカーフ1枚が展示できるだけの大きさでしかない。

上
エルメスのような世界的有名ブランドがショーウィンドウをこれほど重要視しないということは驚くべき点であるかもしれない。しかし、表面が滑らかなガラスブロック1個をショーウィンドウとして機能させるという最小限のディスプレイは、1つ1つの商品に宝石に匹敵する品位を与えている。

右上
ファサードはこのプロジェクトのために特別に開発された45×45㎝のガラスブロックで構成されている。スケールは大きいものの、この建物がピエール・シャローの1932年の傑作ガラスの家を参照したものであることは明らかである。

右
8階の展示スペース：揺れが起こった場合、すべての構成要素がそれぞれ分担して揺れを吸収するよう設計されており、地震発生中に建物全体が揺れることが可能になっている。

伊東豊雄（TOYO ITO）

せんだいメディアテーク、宮城県仙台市、2001

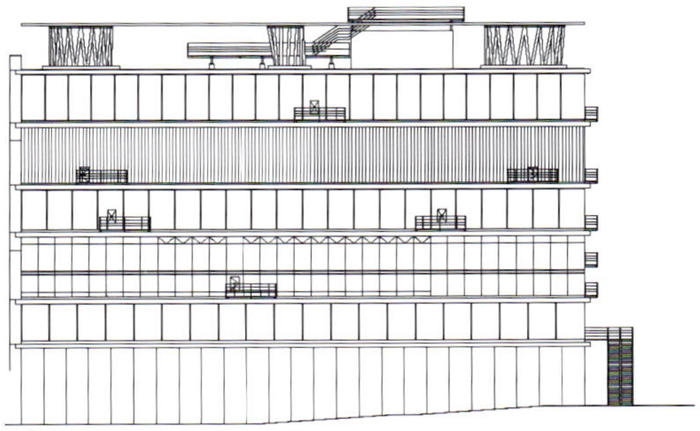

東側立面図

日本人建築家伊東豊雄は、境界を曖昧にするだけでなく、「透層する建築」という概念を生み出して現代都市の流動性を描写した。人間は2つのレベルの上に存在しているという概念を伊東は提唱する。すなわち、自然の力に支配される物理的実体の上と「電子の流れ」の上に存在しており、情報技術を通して知覚を超えた領域へと結ばれているのである。この概念を何よりも明確に示しているのが東京の北480kmに位置する人口100万人の都市仙台市の「せんだいメディアテーク」プロジェクトである。様々な形態の新旧の文化的メディアに場を提供するこの建物は、ドラマティックな都会的ショーウィンドウとして機能し、それゆえ伊東の概念の公開の場としても特に適したものとなっている。

伊東の設計はチューブ、プレート、スキンという3種の基本要素からなる建築構成要素を統合するものである。垂直柱を用いるのではなく、溶接したスチールチューブが撚り合わさってフレームを形成し、それが構造と空気循環のコアとして働き、各階はコンクリートで覆われたスチール製の床プレートで構成されている。しかし、この建物を非物質化（dematerialize）し、利用を促進しているのはガラスのスキンである。このスキンは、昼間はドットやダッシュ記号が刻まれた長方形のガラス板がきらめいているように見える。そして夜になると南側ファサードが完全に姿を消し、鉄骨構造だけがあらわになり、天井照明の輝きやガラスの近くに置かれた調度品のわずかなアクセントによって生き生きとした表情を見せる。

左
正面ファサードはガラスのダブルスキンとなっている。2層のガラスの間のギャップは建物を断熱し、夏には熱い空気を外に排出させる。

下
この建物の革新的なチューブ構造はすべての階で見ることができる（写真は5階）。様々な家具や照明、色を使うことで各階の特徴づけが効果的に行われている。

伝統的建築の静的構成要素を分断し、ダイナミズムや重層性の意味を吹き込む上で、伊東の「透層する建築」という概念は窓の役割にまで及ぶ。南側のダブルスキンによってガラス壁は単なる日常世界における窓以上の役割を果たしている。また、環境面でのバッファーでもある。ダブルスキン上部の排気口は、夏季には開いて冷気の上昇を促し、冬季には閉じて空気の断熱層を作り、熱が逃げるのを阻止する。

メディアテークが持つその他の様々な特徴は、たとえそれらが建物内における形態や素材あるいは位置において慣習を踏襲していなくとも、窓が持つ寓意的特性を共有しているのである。スチールチューブは構造体として機能するだけでなく、小さな光井や、たいていは隠れていることが多い、都市のサービスを構成している配線や導管からなる迷路への隠喩的窓としても機能する。同様に、メディアテークの中で行われる活動は、ネットサーフィン、読書、舞台の鑑賞など、その種類を問わず、想像という領域への窓としてとらえることができるかもしれない。

景観をフレーミングする窓

入念に配置された窓は依然として強力な建築上の工夫の1つである。風景画の横方向に細長いフレームをヒントに生まれた水平窓は、建築家が外の世界の景色を「固定する」ための最も馴染み深い方法となった。建物の透明性が高まるにつれ、窓枠がないことで面白みがなく無個性な建物が生まれただけでなく、眺望も失われ、それに伴い安心感も失われた。しかし、居住用建物においては、窓は依然として非常に重要な要素の1つであるが、それにはクライアントは景色の美しさから敷地を選ぶことが多いという明らかな理由がある。本章で紹介するように、極めて素晴らしい景観であっても徐々に迫りくる住宅地や、無計画な投機的開発で荒廃した都市の建物の輪郭によって妨害されることがある。窓は建築家が我々の視界に入れたくないものを削除することができるのである。しかし、窓を設ける場所についてのルールがないのと同様に、窓の大きさや、さらには形がどうあるべきかについてのルールはない。ただ依然として重要なことは、窓は景色を捉え、窓がなければ我々が気づかなかったような方法でその景色を見せてくれるものだという点である。

左
大西洋に臨むこのビーチハウスには見事なパノラマが広がる。銅板に垂直方向にスリットを入れることにより、建築家はこのシールド状の一風変わった仕掛けを太陽の高さにあわせて下げた場合にも海の景色が見えるようにした。

有馬裕之(HIROYUKI ARIMA)

MAアトリエ・アンド・ギャラリー、福岡県糸島郡志摩町、1998

MAは、日本の南端の九州最大の都市福岡市から約1時間の位置にある岩の多い景観を持つ玄海国定公園に隣接して立つ。芸術家である施主が依頼したのは、訪問者が彼女の作品を鑑賞できるような展示環境を備えた制作拠点であったが、同時に制作に没頭できるプライバシー空間も求められた。敷地は急斜面となっているが、この点が建築家の有馬裕之の興味を引いた。建築材料は通常のもので、シーダー材の縁甲板、セメントボード、ポリカーボネート波板、ブリキ板、ステンレスネットが使われている。

遠くから見るとMAは巨大な抽象彫刻のように見える。5つの立方体のヴォリュームを組み合わせて、斜面の下部分でわずかに地面に接しながら爪先立ちしているように見せている。この家が岩の多い地形にもたれかかるように立ちながら景観とも結びついているという感覚は建物の内部にも共通している。建築家はここに公的な空間と私的な空間の2種類を設計しているが、これら2つの間には強力なつながり感がある。

到着した来訪者が金属製の階段を上ると田圃とその向こうに続く海を臨む屋上ギャラリーに出る。ここには白く塗られた2つのボックスがあり、その1つは本来の入口に続く階段が収められ、もう1つは屋上の展示スペースで、このスペースは跳ね上げ戸すなわち光を採り込むための回転パネルで下の階のギャラリーとつながっている。さらに、ポリカーボネート波板で覆われた窓を通して光を拡散させることにより外の景色を隠す試みもされている。建築家はこの変わった跳ね上げ戸を木管楽器の部品に因んで「リード」と表現しており、これによって光を水平または垂直に「止め」たり「流し」たりできると語っている。ギャラリーの屋根のリードだけでなく、同じような仕掛けがアトリエに降りる階段の両側にも用いられており、その位置に応じて展示エリアの配置を変えてエリアを閉鎖したり開放したりできる。

ギャラリーの中を敢えて抑えた雰囲気にすると、来訪者に芸術作品をじっくりと鑑賞するよう促すことができるが、この建物内の最もプライベートなゾーンである施主のアトリエでは重点の置き方は全く異なっている。ここでは1つの面に設けられた1枚の大きな窓が光と眺望をもたらし、上階にある立方体状のギャラリー部分から突き出したようになったこの幅の狭いアトリエにフォーカルポイントを作り出している。

本頁
不規則に配置された5本の柱の上に建てることによって、斜面に露出した大きな岩を避けている。

左
本実継ぎのシーダー材のフローリングは建物の他の部分と同様に白くペイントし、地形の傾斜を反映するようにわずかに傾斜をもたせている。

有馬裕之（HIROYUKI ARIMA）　MAアトリエ・アンド・ギャラリー、福岡県糸島郡志摩町

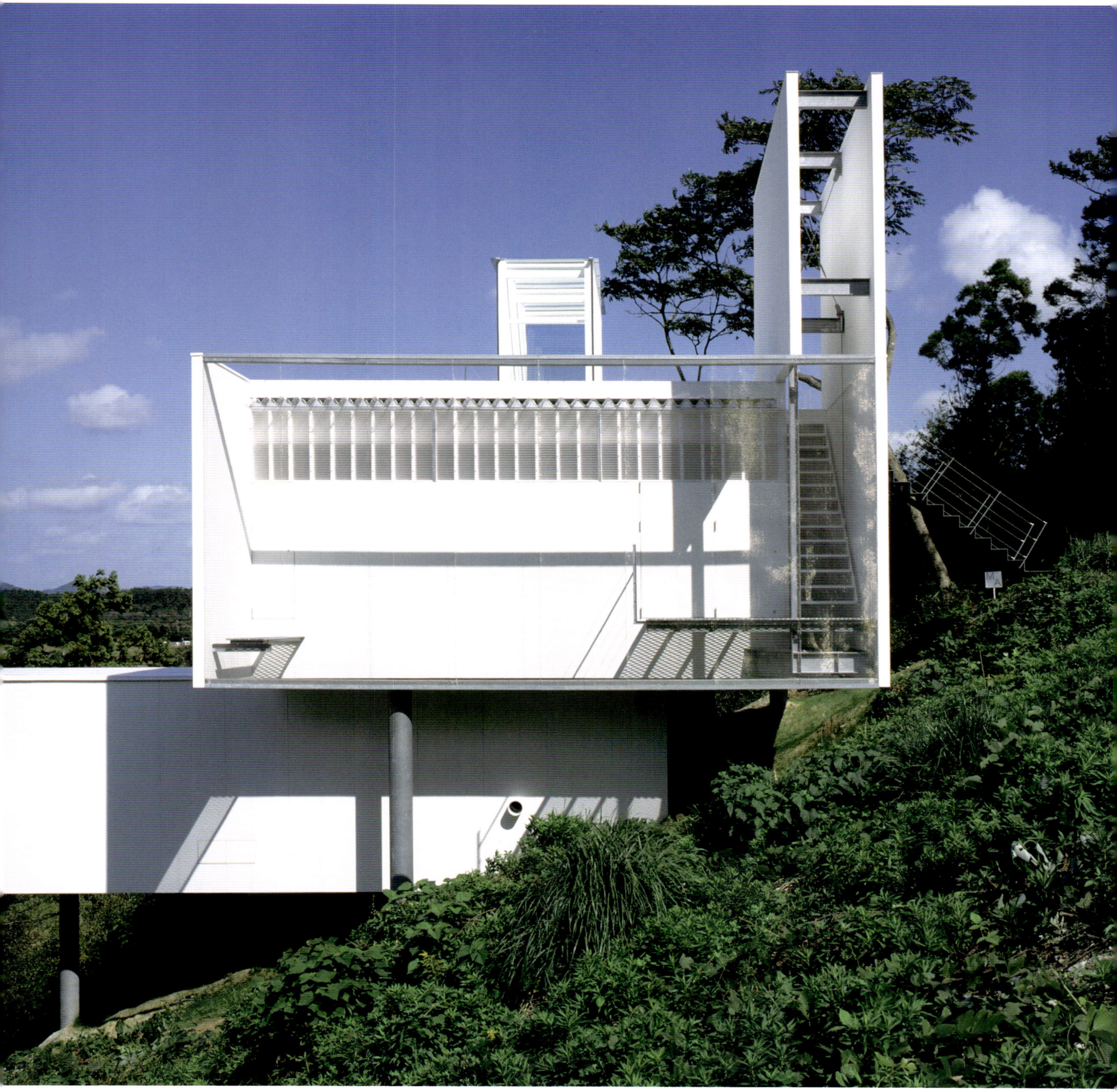

上
この屋上ギャラリーは山あいにつづれ織りのように広がる田園が見渡せるユニークな展望スポットとなっている。

左
メインの展示ギャラリーには2つの採光源があり、その1つは半透明のポリカーボネート板越しに入る光で、もう1つは一連の跳ね上げ戸すなわち「リード」で制御されるトップライトである。

上
ここで展示される彫刻作品同様にこの家自体も1つの芸術作品である。屋根部分へは駐車場から続く金属製の階段で通じている。

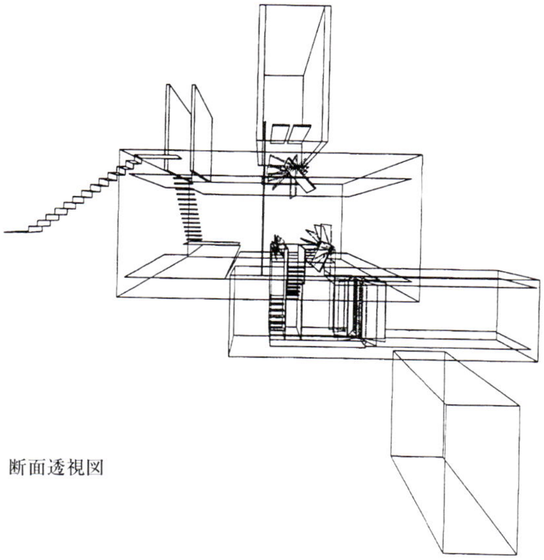

断面透視図

右
小さい方の窓は「バルコニーウィンドウ」と呼ばれ、新たに増築したリビングルーム部分により均一に光を分配する方法の1つとして導入された。

上
リビングルームに足を踏み入れると増築部分のスチール製フレームが現れ、そのフレーム越しに庭やその向こうに果てしなく広がる田園風景が見える。

アラン・ジョーンズ(ALAN JONES)

農家の増築、北アイルランド・アントリム州、1999

建築家の業務内容の中で興味深い部分とみなされることはほとんどないが、個人住宅の増築は驚くべき結果をもたらすことがある。北アイルランドのベルファストに拠点を構えるアラン・ジョーンズはアントリム州のランダルズタウン近郊の農家増築の依頼を受けた。施主は家族や事業のための空間を広げる必要があった。庭に向かって南側に突き出した増築部分は、書斎と朝食用スペース、リビングルームで構成されている。増築部分に続く台所も改造が行われた。施工は少額の予算で行われたが、建築上の野心は決して小さなものではない。ジョーンズによれば、彼の意図は、景観と競合することなくただ自然の美を味わえるようにすることに徹した「背景」を作り出すというものであった。

増築部分のスチール製フレームは家の正面からわずかに見えているだけであるが、台所から書斎部分、朝食用スペース、最後にリビングルームへと移動するにしたがって徐々にその姿とそれによってフレーミングされた広々とした田園風景が明らかになる。北アイルランドで注目すべきは温暖な気候ではなく、清明で変化に富んだ光こそが特別なものであることから、可能な限り窓は南向きに作られた。建築家はできる限り多くの太陽光を利用して太陽エネルギーの恩恵を得ることを目指したのである。太陽光が非常に強くなる時には、今度はこの窓にシャッターが取り付けられる。このリビングルームのドラマチックな窓には窓の上部から部屋の内部に太陽光が差し込むのを防ぐ折りたたみ式シャッターが備えられている。書斎の窓にも工夫を凝らした金属製のシャッターが備えられており、これは水平に折りたたみ可能で、3分割して閉じることも可能である。書斎を除くすべての部屋にはガラス繊維生地のブラインドがあり光の通過率は20%となっている。このガラス繊維生地は織り目が粗いため、部屋の中からはちょうど景観にベールをかけたように見える。

西方向の大きな引き違い窓からはテラスとそれに続く庭に出入りが可能で、小さい「バランス」窓は新たに増築された部分の奥まで自然光を採り入れる働きをしている。精巧に切り取られた景色は内部からも楽しめる。朝食用スペースとリビングルームの間の折りたたみ式シャッターは外部フレームと同じ素材を用いたもので、旋回することによって遠く離れた母屋部分からも景色を楽しめる。

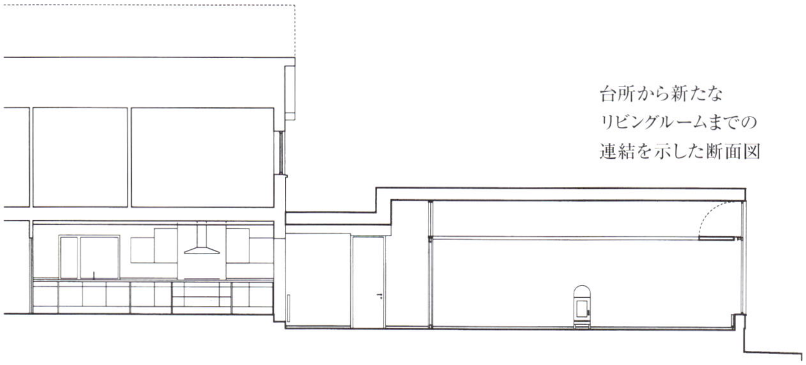

台所から新たなリビングルームまでの連結を示した断面図

カルーソ・セント・ジョン（CARUSO ST JOHN）

ニューアートギャラリー、英国・ウォルソール、2000

英国ウェストミッドランド州ウォルソールのニューアートギャラリーは、老朽化する工場群、すなわち社会的剥奪や産業衰退を経た世界を示唆する灰色のエニグマ（暗号）の中にそびえ立っている。収蔵コレクションには、レンブラント、モネ、ドガ、ゴッホの作品があり、これらは彫刻家ジェイコブ・エプスタインの夫人であり当地に居住したキャスリーン・ガーマンとその友人サリー・ライアンが収集し、1973年に町に寄贈した。国営宝くじ基金の資金援助によりこれらの専用施設の建設が可能となった。

老朽化する産業用建物というコンテキストとコレクション（その大半が絵画）の作品のこじんまりとした規模は、いずれも建物の設計に大きく関係していた。ずんぐりとしたコンパクトな形は、工場の機能的な角張ったデザインを反映している一方で、ガーマン・ライアン・コレクション用のギャラリーは、木製パネル貼りの小規模なもので、通常のアートギャラリーではトップライトが用いられるところをここでは窓から採光を行っている。窓はステンレス製の窓枠を用いたシンプルなもので、面一となるようにタイルを貼り、まるでそこにあるのがほとんど偶然のように配置されている。また、建物内部は別の方法で窓の重要性を控えめに扱っている。最小限の木枠を用いて巧みに配置された窓は、展示された絵画と並ぶように壁に収まっている。機能的な面では、窓は日光を調節し（壁の内部にロールブラインドが隠されている）、天井の人工光源を補う必要がある。

ガーマン・ライアン・コレクション展示室の上階には、大規模な巡回展覧会用の広く天井の高い一続きの展示室からなるギャラリーがある。これらの照明は、建物中心部の外側上方を取り囲むように設けた連続的な帯状の半透明高窓からの採光によって必要な水準が満たされている。建物の正面右側の上部、すなわち建物の一部がタワー状に形を変えた部分は2階分に相当する天井高のレストランとなっており、2面に設けられた窓から採光されている。

このギャラリーは、作為的でありながら慎重に設計された一連の意志の表現による建物である。その効果は、本来の特徴を増強するように仕上げられた材料を用いて機能面の問題に直接取り組むことから生まれている。ロンドンを拠点として活動する建築家カルーソ・セント・ジョンの窓の使い方は、このような visceral interaction（直観的な相互作用）における最も重要な点である。すなわち、窓は機能的であると同時に象徴的なものであり、全体的な設計の長所や一貫性を表明した、無言であると同時に雄弁なテスティモニアルなのである。

高窓部詳細図

左端
この窓は建物の家庭的な雰囲気を強調しており、最先端の現代的デザインのギャラリーとは意図的に一線を画している。

右
窓のサイズは様々であるが、建物の箱型形状の硬さを取り除くために慎重に構成されている。

デイヴィッド・チッパーフィールド(DAVID CHIPPERFIELD)

ナイト邸、英国サリー州リッチモンド、2002

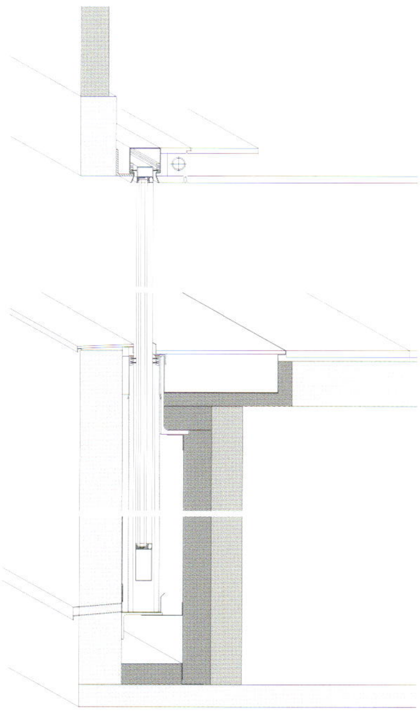

窓の取付具を示した
軸測投影断面図

1990年に建築家デイヴィッド・チッパーフィールドは写真家ニック・ナイトの家を完成させた。この家はサリー州リッチモンドの1950年代の住宅を増改築したものである。家族が増えたために施主は生活や仕事、収納のための空間を増やす必要があった。

施主は自宅の隣に立つ極普通のネオ・チューダー様式の住宅を購入した。2軒目の建物に関する初期の設計では、1990年代の建築言語を拡大適用する可能性が検討されたが、当初のプロジェクトの統一性と一貫性が曖昧となったことからこのアプローチはすぐに却下された。独自性を保ちつつ古い住宅とも調和するような建物の追求は、地元住民の抵抗によってさらに複雑化したのである。

最初の家が完成した際、憤慨した近隣住民は不動産価値を下げたとしてナイトを告訴し、建築許可に対する技術的な違反があるとして住宅を解体させようという、ナイトを破産に追い込むような試みにでた。次に、争いはやや辛辣さが抑えられ、ナイトはネオ・テューダー様式の住宅を解体しチッパーフィールドに再度建築を依頼することを選択した。建築許可の唯一の条件は、新たな住宅はスレート葺きの勾配屋根とするというものであった。

こうして、増築部分の建築コンセプトは、元の住宅に並べて典型的な住宅形態(勾配屋根と2面の切妻壁)を追加するというものになった。次に、この新たな要素は抽象化したガラスの箱を経由して元の住宅に連結された。ガラス繊維製スラット式のシャッターで覆われたこの接続部分は、増築部分と旧宅部分の1階と2階を行き来する通路であると同時に、メインバスルームと収納スペースも設けられている。日中はこれらのスペースでは半透明の外装材から差し込む自然光から採光し、夜間は逆に内部の電気照明が庭を照らしている。新しい家の中心部分には主寝室、仕事場、書庫があり、連続した2つの部屋がもう一方の上にくるよう配置されている。これによって開放感が生まれ、さらに寝室の大きな窓を壁に設けられたスロットに垂直に下げて上階の部屋を一種の内包されたバルコニーあるいはロッジア(開廊)に変えることで、その感覚はさらに強調される。

上
寝室の窓からはアメリカシラカンバを植えた裏庭が見渡せる。施主は部屋を外に向かって開放し、外部バルコニーよりも内部バルコニーとすることを望んだ。

右

夏には外壁の裏側の空洞部分に窓を下げると手摺となるように設計されている。手摺の設置は建築規則を遵守するために必要であった。図面（左端）は窓の取付具を示している。窓を天井の空洞部にスライドさせて入れると窓は閉じ、壁の空洞部に窓を落とし込むと窓は開く。

カルロス・サパタ(CARLOS ZAPATA)

家、米国フロリダ州ゴールデンビーチ、1994

カルロス・サパタは浮揚する屋根と傾斜する壁を設計しているが、それにも関わらず彼が建てたプロジェクトは実用的かつ極めて暮らしやすい空間でもある。ベネズエラに生まれエクアドルで育った南アメリカ人のサパタは、ニューヨークで隆盛を極める建築設計事務所エラビー・ベケットに勤務した後マイアミに移った。この地での2件目の受注は、ランデス家の住宅であったが、彼の最大の関心事である空間的問題への新たな解決法や感覚的素材に対するテイストを、施主は彼に自由に追求させた。

新しい家は1930年代に建てられたかつてフランクリン・ルーズベルトと妻のエレノアが所有した夏の別荘の基礎の上に立つ。この区画は長方形で細長く、一方は海、もう一方は高速道路の間に挟まれている。サパタは元の2ウィング形式の設計を忠実に守ったが、そこには元の建物の面影は残っていない。

西側から敷地に入ると、ドラマチックな2階分の吹き抜けとなった玄関ホールへと続く。ここには2階へ続く階段があり、主寝室、ジム、書斎がある南ウィングと、子供の寝室、食堂、台所、洗濯室のある北ウィングのどちらにも続いている。

ここまでは極めて普通であるが、サパタはどうやらルールブックをもてあそび始め、やがて窓から投げ捨ててしまおうとしているのである。どこからどこまでが部屋かは全く明確ではないのだが、不調和や落ち着きのなさを感じさせない結果となっている。このような効果を達成するためにサパタは光を頼みにしたのである。「光がすべてなのです。屋根やウィング、壁を取り外せばすぐに光が差し込んできて、光から時間とヴォリュームの感覚が得られるのです。そこには暗い場所はありません」と彼は語る。

この家に光を取り込む方法はその構造同様に型破りなものとなっている。高速道路に面した西側では窓は単に細長い開口部でしかなく、東側ファサードとは対照的であり、それが東側ファサードをより一層ドラマチックに見せている。東側は砂浜を背景に、一面に敷き詰められたオニキスの石板と海の色をした窓ガラスという2つの要素が混ぜあわせられている。窓ガラスが海の眺めを一層はっきりと見せる一方で、オニキスは海の波に叩きつけられたかのように光を拡散する。銅製の薄いひれ状板で直射日光が遮蔽された、大きく曲線を描くトップライトからも家の中に光が採り込まれている。

また、海に面して立つcasita《カシータ》(スペイン語で〈小さな家〉)と呼ばれるゲストハウス／アトリエは、激しく屈曲した母屋とは対照的にほぼ完全な立方体をしている。このゲストハウスでは、マイアミの猛烈な太陽光線にフィルターをかけるという必要性が、ある特別な仕掛けを作る口実となっている。この仕掛けとはステンレス枠のガラス面の「側枠」部分で閉じる不思議な銅製の遮蔽板で、スイッチ操作で上下動が可能なものである。これは一風変わった細工であるが、カルロス・サパタの建築の個性の1つなのだ。それははっきりと示すことは難しいものの決して面白みに欠けるということはない。

本頁
東側ファサードにはオニキスの石板と窓ガラスという2つの要素が混ぜ合わされている。この地の海亀のコロニーを保護する法律によりガラスは緑色で二重にすることが定められている。

上
2階分の吹き抜けとなった玄関ホールから続く階段を上ると、大人の領域である南ウィングまたは子供たちが眠る北ウィングのどちらにも行くことができる。

左
casita（ゲストハウス）に備えられた風変わりな銅製の遮蔽板は電動で上下に作動し、強いマイアミの日差しから守るシャッターとして機能している。

右上
casitaの内部詳細。内部から海方向。見えているのは前面を囲むガラス部分と下げた状態の銅製遮蔽板。

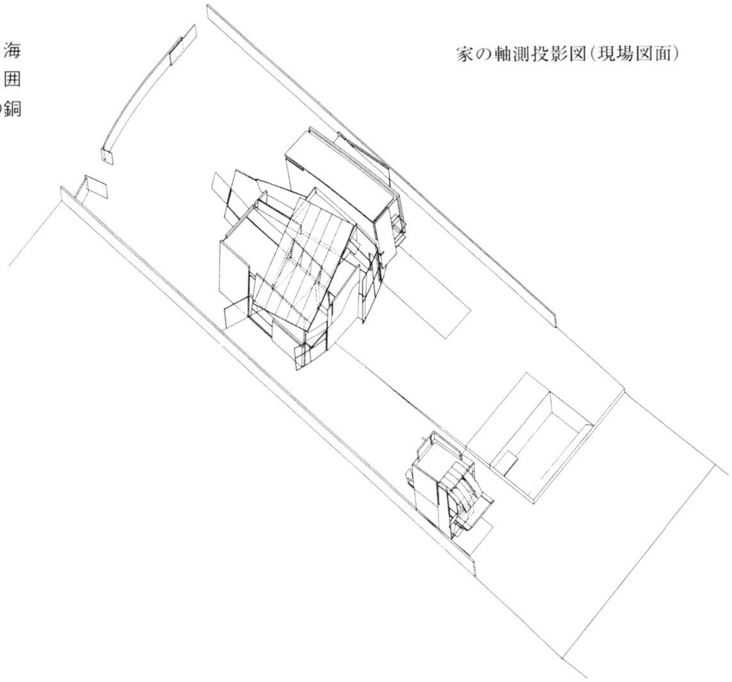

家の軸測投影図（現場図面）

スコーギン・エラム・アンド・ブレイ(SCOGIN ELAM & BRAY)

ノーメンターナ邸、米国メイン州ラベル、1997

現代主義的なピクチャーウィンドウが景観をフレーミングし、外界を遮断する一方で、建築家集団スコーギン・エラム・アンド・ブレイによるノーメンターナ邸の窓は全く異なった役割を果たしている。画家でありインテリアデザイナーでもある施主は自然と身近に接することを望んでいたが、独り暮らしであり、別の種類の自然体験(地震の多いロスアンゼルス)を経たことから、新しい家には、外の素晴らしい眺めだけでなく家の様々な部分が見渡せる窓のある一種のクロークのような役割を果たすことを希望した。

ノーメンターナ邸の珍しい風車形の平面図は、家にはその独自の動きがあるとする考えから生まれたものである。「家とは強制的に動く場であり、人にとってその中を進みながら常につきあわねばならない友達のような存在になるのです」とスコーギンは語る。様々な部屋が一連の小規模な差別化されたヴォリュームとして表現されているが、設計上はなんらの序列もないようである。たとえば、来客用寝室は主寝室よりも広くなっており、すべての部屋から景色が眺められるが、どこかの景色がとりたてて優れているというわけでもない。とはいえ、家の中を移動すると様々な異なる体験をすることができる。たっぷりの大きさをとったウィンドウウォールがある玄関ホールには至るところに自然があるというアイデアを強化しており、家の中央はガラス張りで2階建の“impluvium(池)”があり空の景色を写し込んでいる。

住宅の大半の部分を木製とスチール製の柱で持ち上げて木立と混生させようという判断は、自然とより近づくための方法として明らかなものであるが、さらに変わっているのは、南側ファサードに尖った形のポーチが突き出し、ファサードには大きな開口部が貫通しているというものである。「これが表現しているのは家を自然の中に包み込むもう1つの方法なのです。この穴から雪や雨や光が家の中に入ってくるのです。つまり、自然が出入りするということです」とスコーギンは語る。

ノーメンターナ邸は形の上に形を重ね、空間を防御的に隣接させる、つまりメイン州の長い冬に耐えられるように互いに群を形成することによって生まれたものである。窓の配置に助けられて部屋は常に視覚的にも空間的にもコミュニケーションが可能で、自然を中に取り込もうとすることなく触れあいが可能となるようである。

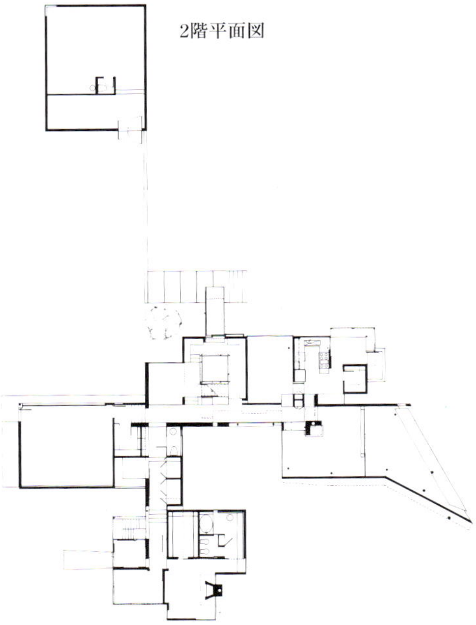

左端
リビングルームのテラスのセメントボードパネルに窓がくり抜かれている。テラスには奇妙な鋭角部分があり、家の残り部分の箱型形状とは対照的である。このテラスからは近くの湖が望める。

上
書棚と工場を思わせるようなデザインの階段がガラス張りの屋内中庭すなわち“impluvium”を取り囲む。この中庭は採光のためだけでなく、雨や雪までも家の中心部に取り込むために設けられている。

右上
主寝室には森の眺めを楽しめるように窓に沿って座席が設けてある。完璧な場所に建物を配置することへの建築家の興味はフランク・ロイド・ライトの考えを受け継いだものであるが、尖った形やカンチレバー、複雑な設計はdeconstruction（脱構築）、すなわち通常は都市部にみられるスタイルによるところが大きい。

右
この家はストレスを感じると言ってよいほど真意をはかりかねる構造である。白い箱状建物が一続きになっているように見えるが、全体としての目的は、施主ができるだけ広い範囲を眺められるようにしつつ、別の部屋を見渡すことで孤立感を打ち消せるようにもするという点にあった。

ヘルツォーク・アンド・ド・ムーロン(HERZOG & DE MEURON)

テート・モダン、英国・ロンドン、2000

2000年5月に開館したテート・モダンは単なるアートスペースとしてだけでなく、人が集う場所として、また川越しに素晴らしい景色が望めることからもたちまち人気のスポットとなった。旧バンクサイド発電所はジャイルズ・ギルバート・スコット卿の設計によるもので、現在は8階建のアトリウムとなっている中央タービンホール、ギャラリーに改装されたボイラー室、そして未改装の電気制御室の3つの部分で構成されていた。来場者は北側(テムズ川側)の2階の中央入口から、または西側のスロープ経由で1階へ入場する。建物には7つの階がある。ギャラリーは3階の常設展示から始まる。4階には特別展用のフレキシブルスペースがある。5階には常設展示用に一続きになったギャラリーが2つ設けられている。6階と7階は“light《ライト》 beam《ビーム》(光の梁)”――ガラス張りの直方体の箱――の内部にある。建築家はこれを「発電所の重厚なレンガ構造の上に浮かぶ巨大な光の塊」と表現している。

窓の位置、縦横のバランス、規模は芸術を鑑賞する上で極めて重要である。元々あった垂直方向に細長い窓は改修して残されたが、展示にとってはこれはあまり重要でない。一方、北側ファサードに新たに設けられた水平の開口部は、人々を展示品から引き離し、額縁に入ったようなセントポール大聖堂の眺めへと移動させているのである。このような都市との関わりの最後を飾るのは、上述のガラス張りの箱の中にあるレストランや公共スペースからの見事な展望である。ここには社会的透明性というテーマで豊かな表現が達成されている。

窓は外を見渡すだけでなく覗き込むためにも使われている。ギャラリーの中にいると広大な展示スペースと一体化したような感覚に陥ることがあるが、これは建物を可能な限り透明かつ光輝くものとする上での建築家のねらいの1つなのである。ガラスの利用と光の扱いの最も野心的な試みが屋根部分の「ライトビーム」であるが、両者が組み合わさることによって、この増設部分が元のレンガ建築の上に浮いているというよりもほとんど吊り下がっているような印象を生み出している。このことは、ギャラリー間の移動中の休憩場所として設けられた内部の窓、すなわちガラス張りの箱状部分で建築家が「巨大なタービンホール内に雲のように浮かぶ」と表現している“light《ライト》 box《ボックス》”にもあてはまる。これらの興味深い内包型空間はベンチのようでもあり、ここから人々は時間が流れてゆくのをただ眺めることができるのである。

上
建物は7階建で6階以外はすべて来場者に公開されている。エレベーター、木製の階段、エスカレーターが各階を結ぶ。最上階はレストランと静かなイーストルームがあり、どちらもテムズ川の対岸に立つセントポール大聖堂の眺めが素晴らしい。

右
ギャラリーに行くには2つの方法がある。正面ファサード(この写真)にある北入口はミレニアムブリッジから直接続いており、西入口は下り坂となった広いスロープが来訪者をタービンホールへと導く。

TATE

左
元のタービンホールの屋根は急勾配のトップライトに交換され、アルミニウムのランセット窓は気候条件にあわせてコントロールできるよう新しいガラスを入れて改修された。「ライトボックス」の窓は外側の「ライトビーム」に対するカウンターポイントとなっている。

上
7階のレストランにある南向きの窓の全景。「ライトビーム」の中のたっぷり大きさをとった窓は、この建物の至るところで用いられているフレーミングのための仕掛けの1つである。

タービンホールの壁の立断面図

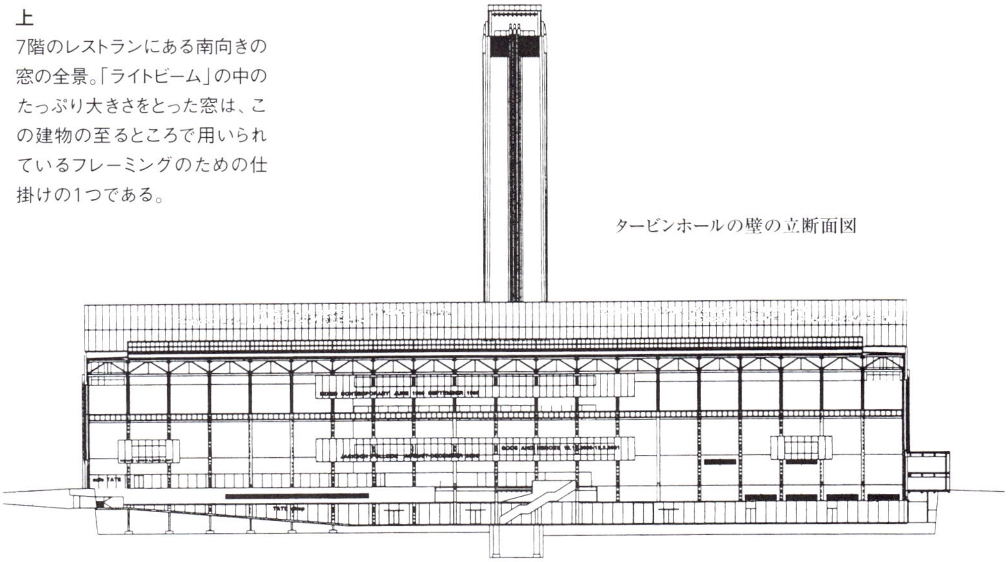

ウェンデル・バーネット(WENDELL BURNETTE)

シャル邸、米国・アリゾナ州フェニックス、2000

ドラマチックなシエラエストレラ山脈とアリゾナの砂漠をはるかに望むフェニックス郊外は、注文住宅専門建築家によるデザイナーズ住宅の建設地としてはおそらく理想的に見えることだろう。しかし、この地域は地元建築家のウェンデル・バーネットが言うところの「(メキシコ料理のファストフードチェーンの)タコベル風の住宅の寄せ集め」、すなわちこの近郊の標準となったスパニッシュ・コロニアル風もどきの住宅であふれている。バーネットによるシャル邸の設計では、施主の航空技師とその夫人が砂漠の中の現代のオアシスに生活していることを実感できるようにコンテクストを削除する必要に迫られていた。同じくフェニックス近郊にあり、景観の美しさを最大限に生かし、アリゾナの強烈な日光をコントロールするために、形式的かつ幾何学的厳密さと入念に配置された窓を組み合わせた建築家の自邸を、施主は高く評価していた。

バーネットは、彼の言葉によれば「この地でイノベーションの伝統を創始し、彼の本当の遺産を残した」フランク・ロイド・ライトの伝統を引き継いでいることを誇りとしている。ライト同様に、バーネットは収縮し拡張するように見える空間を設計している。曲がりくねった道の行き止まりに立ち、通りの緩やかなS字状の曲線に沿って曲線に加工したコンクリートブロック製の壁があるシャル邸は非常に大きく見える。しかし、要塞のように見えるこの外壁の裏にあるのは、心地よい雰囲気を持つスタイリッシュな空間である。パティオやプールと花壇が設けられた中庭はモロッコの住宅を思わせる。壁に開けた垂直方向のスリットからは中庭へそよ風が流れ込み、壁の向こうの空間を冷やしている。

この一風変わった設計が明らかになるのは、人がこのプライベート領域に足を踏み入れてからである。建築家はメインのリビングスペースと寝室を2階に配置し、来客用の棟と車庫を住宅のメインヴォリュームの下に挿入した。家の間取りを上下逆転させるという発想のポイントは、窓から見えるものとして、隣家の姿ではなく、砂漠や山、街や空の限定された景色を確保するというものである。窓はすべて一枚ずつ設計されている。水平の細長い窓のいくつかは面一に、いくつかは埋め込みにし、すべてはめ殺しとした。換気は可動カバー付の25㎠の開口部とガラスの引き戸の開放によって行われる。「私が目指したのは敷地に静けさを取り戻すことでした」とバーネットは語る。彼の試みは成功したがその結果には苦労の跡は見えないのである。

左端
この住宅は大型客船のように敷地にその巨大な姿を現しており、ソリッドなコンクリートブロック製のスキンの中の唯一のアクセントはランダムに配置された窓の開口部である。

上

眺めが楽しめる部分にのみ窓が配置されている。リビングルームの窓は建物のコーナーを包み込むようになっており、一方の方角は街の景色、もう一方は砂漠の景色がフレーミングされている。

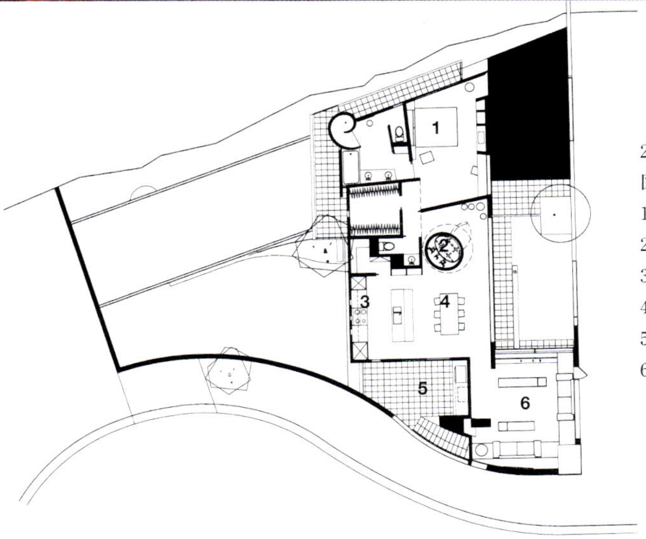

2階平面図

図中の番号

1　寝室
2　エレベーター
3　台所
4　食堂部分
5　バーベキューテラス
6　リビングルーム

色彩と幻想

建築家たちは色彩をとるに足らないものだと考えている。モダニズムの登場によって純白の美学が一気に開花して以来、色彩はゆっくりと建物の外に流出し、その後じわじわと忍び込むように戻ってきたものの装飾というかなり愚弄された形に限られている。これが学説である。

実際に、色彩は常に建築の中に存在してきた。建築が生まれた極初期の頃から、建物に色彩を施すことは普通であり、特別なことではなかった。そして、モダニズムがすべての建物が白でなければならないと命じていたわけでもなかった。ル・コルビュジエは、建築家たちに灰色のコンクリートの建物を作る許可を与えたとしてしばしば非難されるが、実際には彼は色彩の提唱者の1人であった。但し、色彩を使うことで「白の効果を出すための自由な表現」がもたらされるならばという条件付であった。しかし、様式的に見えることを避けるためには色彩は慎重に扱わねばならない。優れた建築家は色彩を後から付け加えるのではなくむしろ最初から色彩について考えるものなのである。光や空間操作と共に用いることで色彩も幻想的効果の演出に利用可能であり、都市部の条件に極めてふさわしく見える逸脱性あるいは奇抜性といった感覚を建築家に与えるのである。

右
ロンドンのサザク地区が必要としていたのは単なる図書館ではなく、コミュニティの中心となり市民の誇りを徐々に浸透させてゆくような建物であった。オールソップ・アンド・ステーマー設計のペッカム図書館は、その不遜とも思えるデザインとキャンディーカラーのガラス製の後壁が地元住民を大いに喜ばせ、建築物紹介地図に掲載された。

ザウアーブルッフ・ハットン(SAUERBRUCH HUTTON)

GSW本社、ドイツ・ベルリン、2000

陰鬱なベルリンにあって、GSWタワーの緩やかに曲線を描く西側ファサードの暖色も、タワーの基部の下に設けられた新たな低層ブロックの上部にあるデイグロ社の黄色や黄緑色の大胆な蛍光色で塗られた帽子箱状の建物も、いずれも意表をついたものである。GSW社はベルリン最大の住宅関連総合サービス企業であり、その本部はこの都市の歴史的中心部のコッホ通りに立つ。このロケーションに対応し、GSW社の社会的コミットメントを示すために、同社は1995年にコンペティションを開催して建物の増築または建替え案を募った。コンペティションの優勝者は夫婦共に建築家であるマティアス・ザウアーブルッフとルイーザ・ハットンで、彼らはGSW社に対し20階建のタワーは残すべきであり、店舗や事務所を収容する新たな建物がその曲線形状と大胆な色彩で通りを活気づけることができると説得した。

この建物は、灰色の寒い朝にも微笑まずにはいられないような建物なのだが、ここで次のような疑問が生まれてくる——現代建築は何故これほど色彩に乏しいのだろうか？　ザウアーブルッフ・ハットンは確かにその規範の変更に貢献しており、その最初の試みがベルリン郊外の孔雀様の建物フォトニクスセンターであった。色彩がこの建築家カップルの建物のお家芸のようになったものの、持続可能な建築の必要性についても彼らは全く同様の情熱を持っている。

ドイツはヨーロッパの中でも極めて厳しい省エネルギー法が設けられているが、東西統一以降に建設されたオフィスビルの多くは密閉され空調が完備している。それに対しGSW社の建物は、新たな技術と自然換気や太陽光の遮光、太陽熱と風力を利用した冷暖房といった実証済の技術の両方を用いてエネルギー消費量に歯止めをかけることにより、厳しい基準を満たし、さらにはその基準を上回るレベルを達成しているのである。この建物は近隣の建物同様に洗練されているが、そこで働く人々にとっての喜びは、そのシンプルさ——電気照明ではなく自然光、開閉可能な窓、太陽光を避けるシャッター——の中にある。

高くそびえるファサードはザウアーブルッフ・ハットンの低エネルギー構想の中で最も重要な要素である。新鮮な空気は東側ファサードのルーバー付パネルから取り入れ、西側立面の開閉可能窓を経由して断熱ガラスファサードと1重ガラスのアウタースキンの間の1m幅のエアスペースへと排出される。暖気が上昇すると涼しい新鮮な空気が取り込まれ、遮光は様々な色どりの有孔金属製シャッターで行われる。GSW社の職員が窓を開けてそよ風を入れようとすると、シャッターは中の人間の希望に応じて横方向に移動し、その結果シャッターによって構成されるパターンは常に変化することになる。

右
ザウアーブルッフ・ハットンは、持続可能な建物を建てることは、建築家が現在直面する課題の中で最も緊急かつ複雑で取り組み甲斐のあるものだと考えており、美的側面からの検討と同様に、このような倫理的視点をこのGSW本社ビルを含むすべてのプロジェクトにおいて結実させることを目指している。

4階平面図

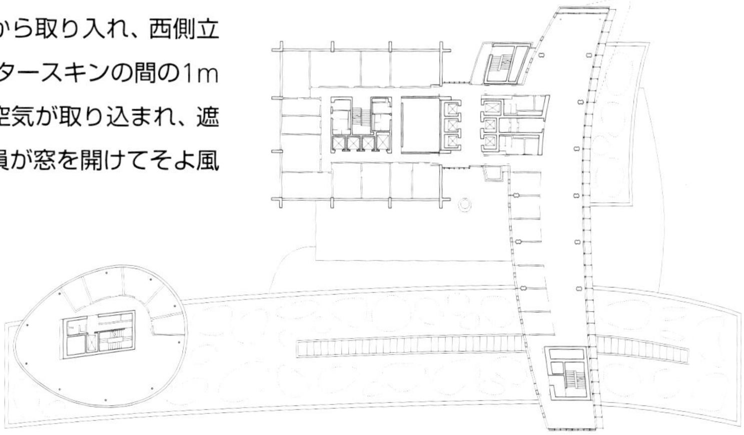

ANGERMANN
230 82 80
Sparkasse

左
幅の狭い設計は採光と自然換気を最大限に機能させている。色のついたシャッターは太陽熱をコントロールし、2層ガラスの緩衝ゾーンは高レベルの断熱を達成する。

上
西面は常にその外観を変化させている。色つきシャッターの開閉によって作られるパターンは部屋の使用者の習慣や好みによって様々である。

山口 隆(TAKASHI YAMAGUCHI)

白い寺—阿龍山瑞専寺紫光堂、京都府船井郡園部町、2000

山口隆は日本建築界では特異な立場にある。現代建築の理論と実践に精通しているにも関わらず、そのキャリアの多くの部分を日本人の生活の重要な部分である古い寺院や神社といった宗教空間の研究に費やしてきた。1998年のガラスの寺は山口が初めて建てたプロジェクトであるが、京都北山の由緒ある清涼山霊源皇寺の増築(透静庵)であった。元の寺の全体性を維持するために、新たな構造物は細長いガラスの箱の姿が地面上に見えるように埋め込まれた。

ガラスの寺はこの同じく京都に建てられた白い寺のいわば先行作品であるが、2つのプロジェクトは全く異なっている。前者では、山口は現代的な素材を用いて禅宗建築の伝統を復活させるという意図を明確にしている。一方、この白い寺では、建物の力強い幾何学的形状と、色彩や装飾の完全な欠如が、建物をきわめて衝撃的なものにしている。

木材の柱と梁からなる構造物の真ん中にあるこの小さなコンクリート製の箱は、ある複雑な命題を表現せねばならない。すなわち、それは僧侶が執り行う儀式において参列者が故人に別れを告げに訪れる中での現世から来世への移行である。この寺は2つに等分されている。1つは生者のための空間でありもう1つは死者のための空間である。最初の半分は参列者のための空間で、彼らは畳敷きの外陣から儀式の進行を見守る。そのすぐ向こうには儀式のための空間があり、ここで僧侶は儀式を執り行うが、階段状になった祭壇は大きな曇りガラスの窓を通して差し込む光へ視線を引きつけるよう設計されている。窓は見えにくくなっているものの、背部立面全体の構成要素であり、前方の広い開口部を映し出している。細長い曇りガラス製のトップライトは2つの開口部を結ぶように伸びている。光は決して完全に見えることはないが、祭壇の上部に安置した仏像の周囲の金色の光の輪すなわち光背となっている。

山口は「我々の意識の中に1つの膜のように存在し、重量感のみを残して非物質化(dematerialize)する」建物を設計したかったのだと語っている。実際には、この建物は日光が射す時間帯にのみ「非物質化」し、夜には闇に形を奪われて暗黒の中に存在が沈み込み、光が灯された内部のみが見えるのである。

上
この寺は険しい表情を見せているが、建物から外に突き出した白い大理石の段が参列者を堂内へ招き入れている。

左端
日光の下では建物は光を吸収する1つのヴォリュームとしてその存在を主張する。その驚くべき単純性と装飾の欠如は伝統的な仏教寺院とは好対照である。

右
僧侶が位牌を安置する祭壇の段は視線を光へ向けさせる。厳密な中心線は、現世から来世への移行を表し、光は死の悲しみが平穏と静寂に変わることの象徴となっている。

本頁
外側からはごく普通の建物に見えるが、工夫を放棄してしまったわけではない。この家の中に日光浴ができるテラスとして秘密の屋上ガラスボックスがあると誰が気づくだろうか？

グラフトン・アーキテクツ(GRAFTON ARCHITECTS)

ホール邸、アイルランド・ダブリン、1999

外側から見ると、グラフトン・アーキテクツのホール邸の施主はしじゅう家の中から外を覗き見したがっているかのように見える。石壁とレンガ壁の間をスライドする玄関扉以外にこの家に入る方法はないようだ。言うまでもなく、この状況はここに誰が住んでいるのか何をする人なのかを不思議に思わせるだけである。

この家は19世紀のダブリン郊外ラネラとラスマインズの間にある入り組んだ通りの角に立つ。外側からは、全く見た通りの普通の建物で、2つの明らかに差別化されたヴォリューム、すなわち表面が滑らかな3階建のレンガ造りの箱状建物と表面が石造りのそれより低い建物が直角に重なりあっている。しかし、入口を入るとすぐに現れるプライベートな閉鎖された空間部分は全く普通とは違うのである。玄関は狭い吹き抜けの空間で上部の窓から採光されており、そこから入った来訪者は階段を上ってリビングエリアへと進む。さらにプライベートな空間である寝室、バスルーム、書斎は1階に位置している。

家は1組の直角に重なるシンプルなコンクリート枠の周囲に組織的に構成されている。その様子はこれらの枠がL字型の空間を区切っている2階部分に明確に表現されている。ダイニングルームとリビングルームはウッドデッキの中庭に向かって開放され、室内との境界には引き戸式のガラス壁が使われている。これを開放すると、これらの部屋は1つのヴォリュームと見なすことができ、そのため、時に家の内と外が逆転したように見えることがある。3階にはルーフテラス、寝室、バスルームに続くサンルームがある。この配置は、この家や住人の形式ばらないスタイルを知るさらなる手がかりとなる。

窓は家の中に住む人々の生活と外の世界との間のインターフェイスに対するグラフトン・アーキテクツの強い興味の中心的存在である。階段を照らす回転窓は空を映し出し、内部で行われている活動を知る手がかりを与えない。また、スリット窓からは住人は外を行き交うバスや車のライトを一瞥できるが、外側から家の中を覗くことはできない。石壁の中の大きな窓の開口部は建築家が家の「天気の眼」と表現するもので、覗き込める唯一の場所ではあるが、主に見えるものは影だけでプライバシーが侵害されることはほとんどないのである。これは「矛盾の家」なのだ。中に足を踏み入れると、突然窓ガラスからは外が非常によく見えるようになり、窓は外の通りだけでなくその向こうにある街とも住人を結び付けているのである。

家の断面図

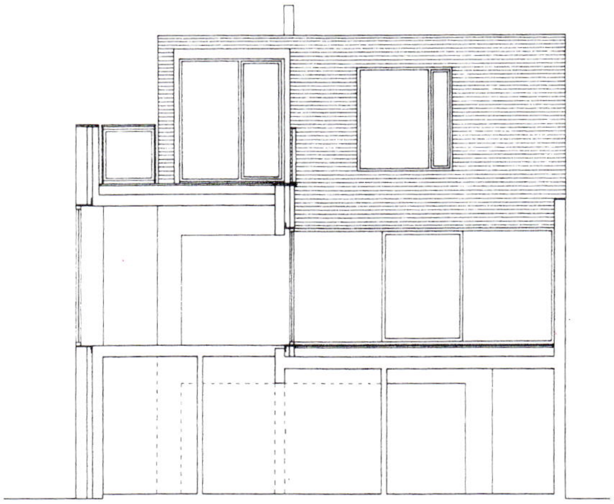

上
背が高く細長い窓は吹き抜けの玄関ホールを照らすだけでなく、2階のリビングエリアにも自然光をもたらす助けをする。

右
通行人にとってはこの家は無表情で閉鎖的に見える——玄関扉でさえその一部が隠れており、レンガ造りのメインボックス部分と石造りの正面ファサードの間をスライドする仕組みになっている。

右
引き戸式のガラス壁がダイニングルームとリビングルームをウッドデッキの中庭から仕切っており、これは時には内部と外部の区別がほとんどつかないことを意味している。最上階には小さなルーフテラスに続くサンルームがある。

グラフトン・アーキテクツ（GRAFTON ARCHITECTS）　ホール邸、アイルランド・ダブリン

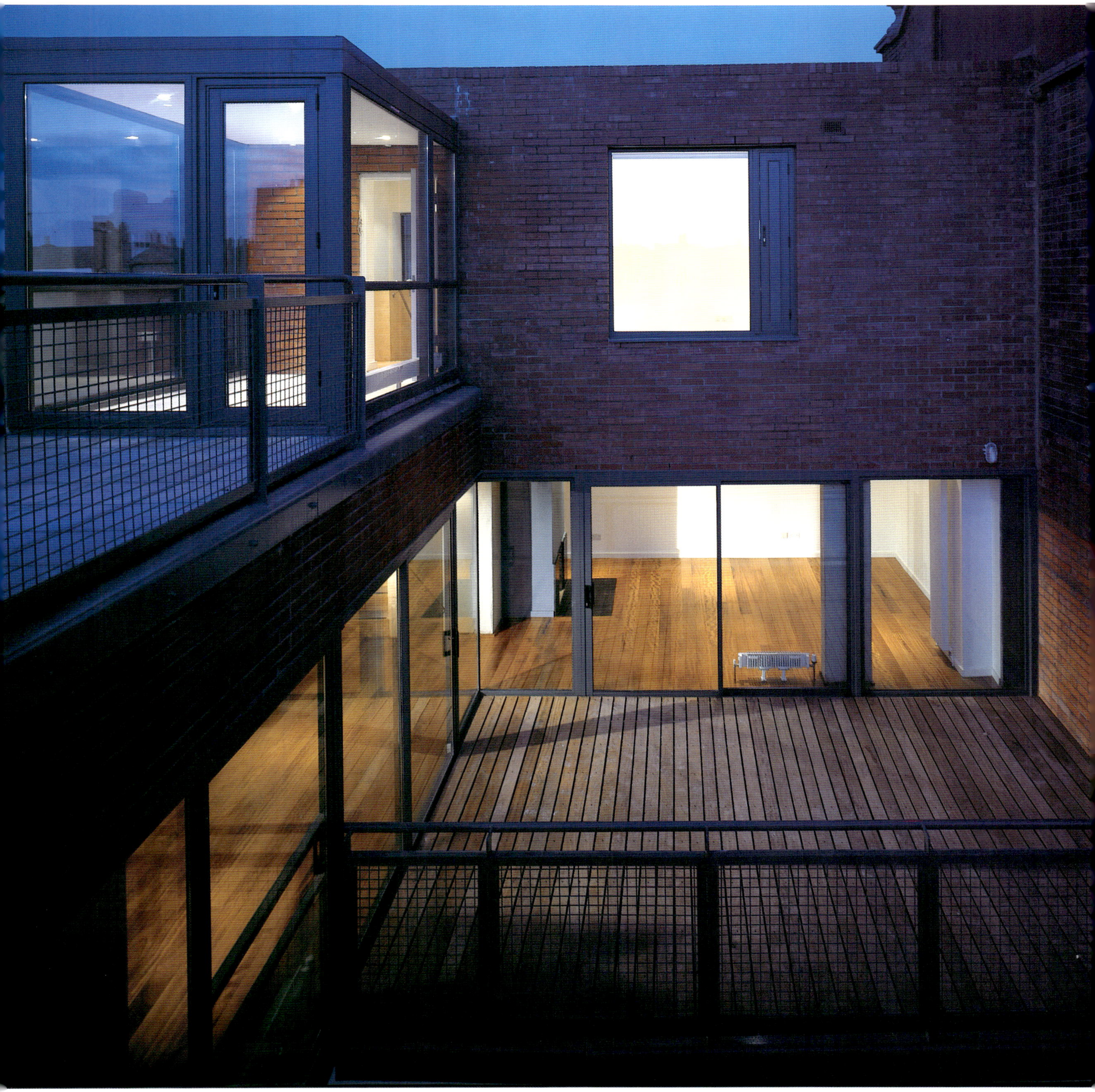

ライアンズ(LYONS)

サンシャイン病院、オーストラリア・ビクトリア州メルボルン、2002

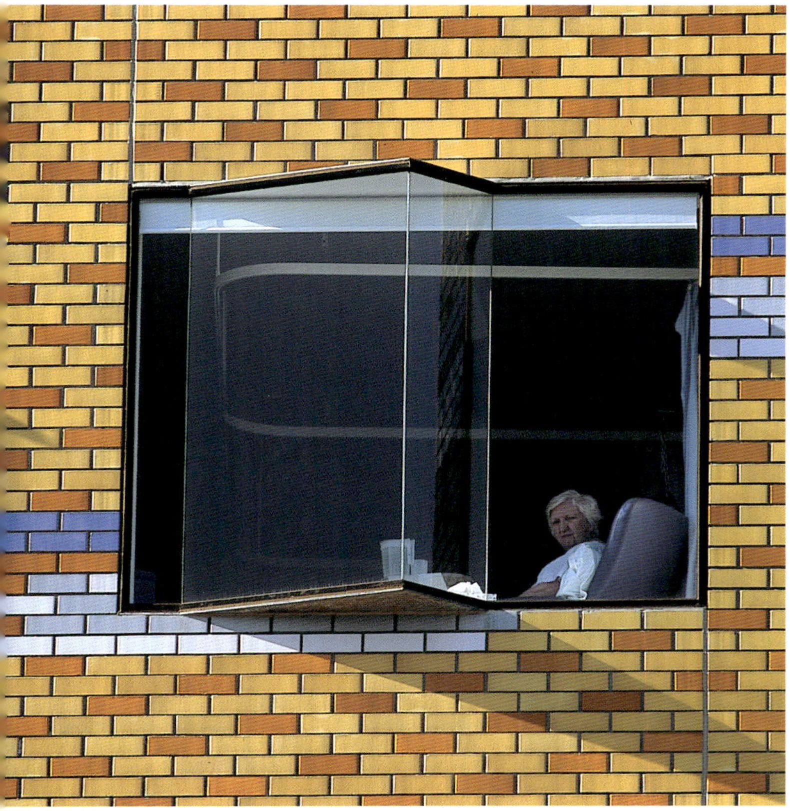

健康関連施設の建物は決まりきった形から脱却できることがほとんどなく、市民にとっても社会にとっても重要性に欠けた場所となっている。その理由は一部には、病院の設計があまりにも専門化された領域になってしまい、新たな才能や個々の思考を取り入れることができなくなっていることによるが、例外も存在する。メルボルンの建築家ライアンズは病院は外の世界と関係を持つべきであると確信しており、それゆえにこの街のサンシャイン病院の増築にあたってはかなりの数の必要条件を考えついた。増築されたのは、手術室、ハイドロセラピー施設用の新たな建物、および3階建の病棟である。

大胆な外装は部分的に化粧レンガが用いられ、灰色、白、オレンジ、黄色、青の組合せが表面にパターンを作りだしている。黒いブロックの線は棟の中央で外側に突き出した片持ち梁の上側の2階部分で生まれる影を示しており、東側の短い壁にはさらに第2入口の庇の下にできる影を示した黒いブロック部分がある。

色彩が第一印象を与えるものであるなら、通行人にもう一度目を向けさせようとアプローチするのは窓である。北側立面では窓は日除けがついたプライベートなものとなっており、その影は色彩が施されたブロックの上にもう1つのパターンを作り出している。ハイドロセラピー棟には少し異なった手法が施されている。ブロックの色は茶色とベージュ色という異なる色彩が用いられ、施釉はされていないが、建物のデザインは主病棟のそれと密接に関係があり、窓はプライバシーを確保するために高く設けられているが、黒いブロックは主病棟と同様に影を示している。最も変わっているのは病棟の南側立面の窓で、出窓として張り出しており、その底部は腰掛けるのにちょうど良い低さで、花やカードを飾るのに十分な棚でもある。

患者はここから駐車場やその向こうの高速道路を行き交う車を眺めることができる。通常の感覚ではそれは決して美しい眺めではないが、施設外の世界とつながっている感覚を患者に与える。そして通行人にとっては、病棟を目にすることで病院が持つより人間的で温かな表情に気づくきっかけとなるのである。特に、日が落ちてファサードに格子状に灯りがついて感動的な光景を見せ始めるとまさにその通りとなる。

上
入院患者と外の世界との関係を重要だと考える病院は少なく、病棟は内側向きになっていることが多い。しかし、ここでは病室にそれぞれ大きな窓があり、患者は一時的に隔絶されているものの、外の世界から切り離されていると感じずにすむ。

左
建築家は角形出窓に対する新たな解釈の試みを続ける。このベイ部分は2枚の細長いガラス板を直角に組み、ファサードに面一にはめ込んだ大きな1枚のシート状板ガラスに組み込んで作られている。

上

人目を引く病棟のファサードは色付の化粧レンガで構成されている。影には「色が塗りこまれ」ており、実際に本物の影ができる場所には黒いブロックが配置されている。

右上

病棟は左側に、ハイドロセラピー棟は右側に配置されている。これらの建物には明らかに関連があるが、ハイドロセラピー棟の窓はプライバシー上の理由でより小さく、より高い位置に配置されている。

病棟、南側立面

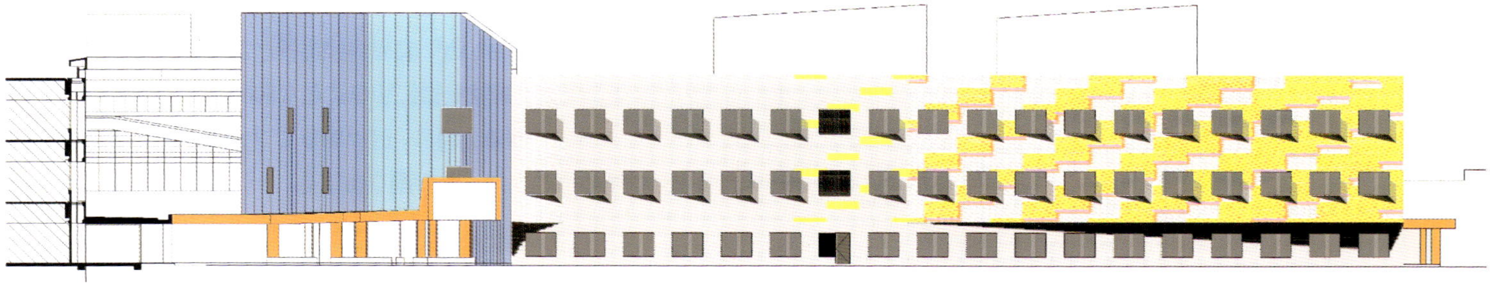

左
ハイドロセラピー棟の対面にある北側ファサードの窓は南側ファサードの窓よりもプライバシー性が高い。金属製の日除けが陰を作り、その影は黒いブロックで描写されている。

LIBRARY

オールソップ・アンド・ステーマー（ALSOP & STÖRMER）

ペッカム図書館、英国・ロンドン、1999

オールソップ・アンド・ステーマー設計のペッカム図書館は2つ以上の点でその本来の役割以上の成果を示している。ロンドンでも極めて困窮したスラム街の1つに建てられたこの建物は簡素ではあるが、図書館がどうあるべきか、そしてどう見えるべきかという考え方を変えつつある。ウィル・オールソップの建物は図書館の新しい形の到来を告げた。すなわち本や情報を収蔵しながらも、可能な限り19世紀の薄暗いレンガ造りの建物のイメージを払拭した図書館なのである。

横から見た建物は上下が逆転したL字型をしている。その下部はステンレスのメッシュ構造で、屋上には巨大なオレンジ色の舌のように見える物体が配置されている。建物の三面は青色で、もう一面は黄色、マゼンタ色、トルコ石色の色とりどりのガラスパネルでパターンが作られている。大きな照明サインがLIBRARYという単語をはっきりと表示し、建物全体は不自然な角度で立つ蜘蛛の足のような柱に支えられているように見える。この極めて型破りな作品の中にあって窓はどちらかというと伝統的な外観をしているように見えるものの、騙されてはならない。この建築家は機会さえあれば建築界の慣習を打破したいと思っているのである。

両側の緑青仕上げを施した銅板スキンにはファサードと面一になるように小さな窓が開けられているが、中で何が行われているのかを知る手がかりは全くない。正面の南側立面はほんの少しだけその秘密を明らかにしている——大きな開口部と様々な形はあまり歯並びのよくない前歯のようである。夜になって建物が照明で照らされると、これらの窓からは、2層分が吹き抜けになった図書貸出エリアの中に3本の奇妙な合板製ポッド（足）で支えられた独立構造の空間が垣間見え、まるでこれらのポッドが今にも爆発して屋根から飛び出すような印象を与えている。

しかし、最も大胆な動きが見られるのは5階建の北側ファサードなのである。ここには伝統的なタイプの窓による開口部があるものの、ファサード全体が1枚のウィンドウウォールとなっており、透明な着色ガラスのパッチワークを通して差し込んだ日光が力強いコンクリートフレームを通り過ぎて館内を光で満たし、図書館の壁に色とりどりのパターンを描く。

左
図書館は重力に抵抗する7本の支柱の上に立つ。屋根の上にあるのは朱色に塗られた空飛ぶ円盤型の蓋である。「ベレー帽」と建築家が呼ぶこの部分は換気シャフトの日除けとして機能する。

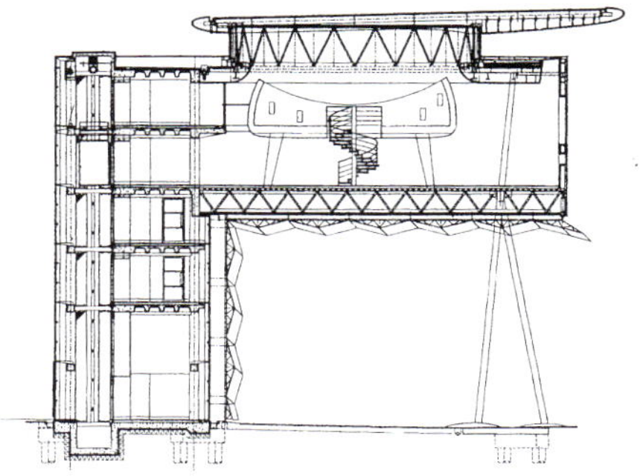

断面図

上
着色ガラスパネルのパッチワークは周辺の建物や通りを映し出し、内部からはロンドンの街並みを眺める際の変わったフィルターとなる。

右上
電動式の蝶の羽状シャッターは、図書館のメインホール内に設置された独立構造の空間である木製ポッド内の光や換気の状態を監視する。

右
北面は透明な着色ガラスでできた1枚のウィンドウウォールで、建物全体に日光を拡散させる働きをする。建物の実際の図書館部分(上階の2層分)は周到な計画によって下階の喧騒の上に吊り上げられ、図書館利用者が本を読んだり景色を楽しんだりしながら静かに考えることができる機会を提供している。

オールソップ・アンド・ステーマー（ALSOP & STÖRMER）　ペッカム図書館、英国・ロンドン

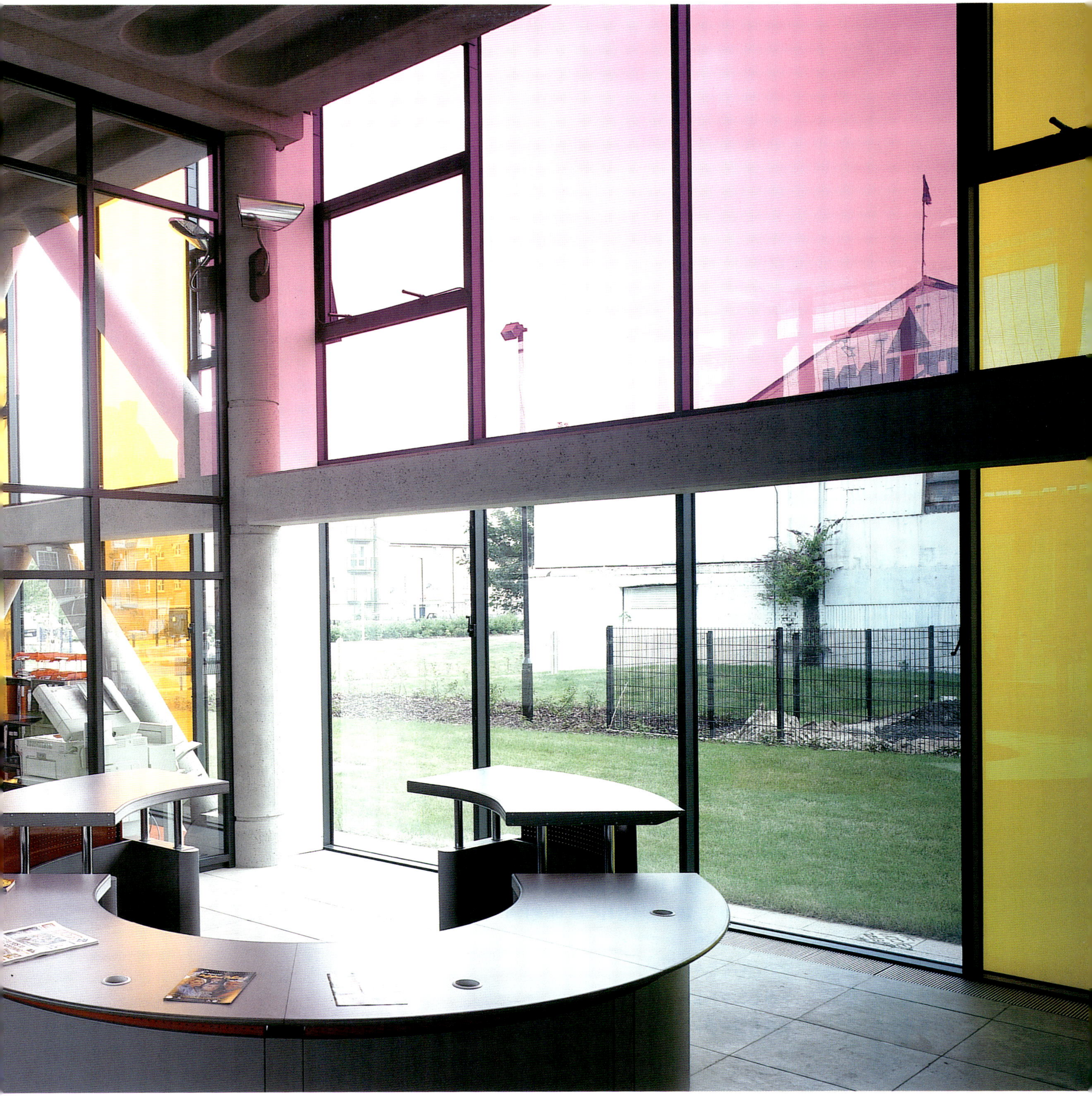

ギゴン/ゴヤー(GIGON/GUYER)
信号所、スイス・チューリッヒ、1999

「建物とは実のところ地球上の物質の変換の一種なのである」とギゴン／ゴヤーの主宰者の1人であるアネット・ギゴンは語る。この設計事務所の作品として最もよく知られているのは主宰者らの母国であるスイスの3つの主要な美術館であるが、風化作用や色彩に対する彼らの強い関心が最も徹底的に探究されたのはチューリッヒの信号所である。スイス連邦鉄道が国内各地の約50ヶ所の信号所を徐々に建替えていくにあたって前衛的な建築家に発注を行ったのはギゴン／ゴヤーが最初ではない。チューリッヒの隣接する軌道に立つヘルツォーク・アンド・ド・ムーロンの信号所やバーゼルのモルガー・アンド・デゲロの信号所もこの計画の一環であった。この計画は鉄道が建築家にとって賢明な後援者であることを示すだけでなく、純粋に機能本位な建物に特徴的なイメージを持たせられることも示している。

上
最上階の5枚の大きな窓のうち2枚は南側ファサードにあり、線路の監視という本来の建物の役割の名残として機能している。日中は反射性が高いが、夜間は内部の照明によって輝いているように見える。

この信号所では、建築家は列車のブレーキで飛び散り軌道の周囲のあらゆるものを覆っている鉄粉の錆からインスピレーションを得た。酸化鉄顔料をコンクリートミックスに混合することによって、変化がなく面白みにかけるコンクリートの灰色の質感が黄色とオレンジから深い紫までの色の混合による豊かな変化に置き換えられる。これはギゴン／ゴヤーが「錬金術」と好んで呼ぶところのプロセスで、鉄顔料が錆びるのにしたがってコンクリートの単調な表面に深みが生まれるように見え、建物は天候や光の状態に応じて日々変化するのである。

この3階建の信号所はチューリッヒの工業地帯のはずれの線路沿いに立ち、コンピュータ化された信号切替装置を収容し広範囲の路線網へ信号を送っている。この建物はチューリッヒの中で住宅地が工業地帯に移行する地点であるゴットリーブ・ダットヴァイラー橋の近くにある。最上階は事務所と作業所に利用されており、下の階にはリレー装置やコンピュータ、回転変換器、鉄道網用の電力設備、ならびに換気設備が設置されている。

制御室と作業空間だけに窓があり、建築家はこれを「線路を見下ろす光る目のような」と表現している。これらの窓は、内部から開閉可能な密閉されたインナーリーフ部分と、浮かんだような状態で日除けとして機能する外側のガラス板部分からなる。水平ブラインドが制御室内のコンピュータモニターに差し込む光を調節する。ガラスの日除けは赤味がかった金色の反射性蒸着金属でコーティングされている。

本頁
コンクリート中の茶色い酸化鉄は、周辺の工業地帯と一体化するように建物をほとんどカムフラージュしているかのようである。一方、窓部分は、コンクリートのマットな質感と強烈なコントラストを見せている。

本頁
窓自体は比較的普通であるが、その配置はサイコロを振るという型破りな方法で決定された。

スティーブン・ホール（STEVEN HOLL）
ヘットオステン本社、オランダ・アムステルダム、2000

この謎めいた小さな建物は、改造した倉庫の別棟として増築されたものでアムステルダムのシンゲル運河沿いに立つ。その光輝くテクスチャー、神秘的なヴォイド、不鮮明なエッジは、住宅会社ヘットオステン社の本社の一部としての機能に反している。この建物は、1つの建築作品として思考と感覚の間のバランスに取り組もうとしているのである。すなわち、ホールの構想は、サイコロを振ることによってパターンを生み出しながら数学や音楽からの概念を膨らませたものであることから、何もかもが外見と異なっていても驚くにはあたらないのである。ソリッドなものもヴォイドなものも、窓も壁も曖昧なのである。

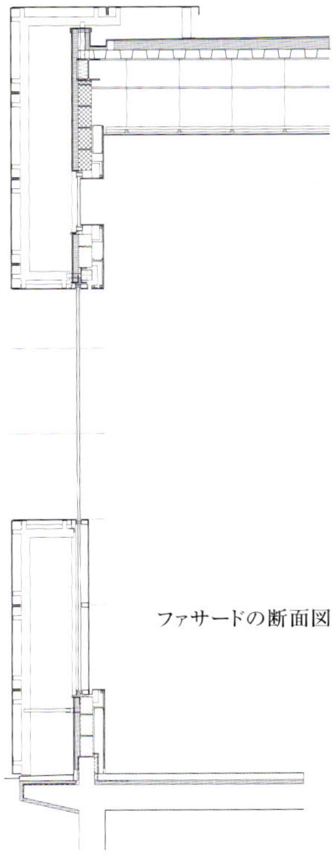

ファサードの断面図

基本的な形態はMenger Sponge（メンガーのスポンジ）と呼ばれる複雑な数学的構造、すなわち、立方体の各面を9つの正方形に分割しその中の特定の正方形を取り除いていく、というしくみに基づいている。どの正方形を取り除くかをホールはサイコロを振って決定したため、窓の配置はランダムなものとなった。この段階では、ヴォイドはランダムに配置されているとしても1つの明らかな視覚的特徴であったが、ホールは曖昧さをより重層的なものとするためのさらなる装置を導入した。この別棟の外側のスキンは、予め緑青加工された有孔銅製パネルでできており、スタッコ仕上げの壁の約50㎝外側に設置されている。壁の内側には有孔合板パネルの層があり、その裏は蛍光色で塗られているのであるが、その塗り方もまたサイコロを振ることによってランダムに決められている。これらのスキンの間にある窓は、ガラスとフレームを比較的伝統的な方法で組み立てたものである。有孔パネルで作られた2枚のスキンが開口部で重なることにより、光にフィルターがかかり、屈折し、色がつき、反射し、ほとんど無限と言ってもよいほど多種多様に変化するが、その起こりうる構成はある決まった数値システムに基づいている。効果は太陽の動きとともに常に変化しているのである。

ホールのインスピレーションの一部はその敷地から得たもので、特に光が運河に反射する様子から生まれたものである。彼は神秘的な開口部によって室内の姿が変化する様を描いたオランダ絵画に精通していた。この別棟では彼は予め定められたパラメータの範囲内での偶然の作用への興味を利用してその伝統を強化したが、それは作曲家モートン・フェルドマンの音楽と思想から部分的にインスピレーションを得たものであった。ホールのアプローチは開口部の表現力の可能性を豊かなものとした。すなわち、窓を光を採り入れるためのシンプルなガラス板としながらも、内側と外側のスキンを使ってその光を見事なまでの多様性と創意に富んだ方法で変えるのである。

上
外側は金属製、内側は合板製の有孔パネルの層で壁を作るという判断は、構成上の理由だけでなく技術的な理由からも設備部分を隠すためのものであった。

右上
外側のシェルを貫通する窓のパターンは配置と色彩が慎重に決定されており、音楽や美術に対する建築家の興味を表している。

右
メインスペースは会議用やレストランとしても利用されている。上部から張り出した中二階部分は、ソリッドとヴォイドによる遊びの効果や入念に計画された光のグラデーション効果を加えている。

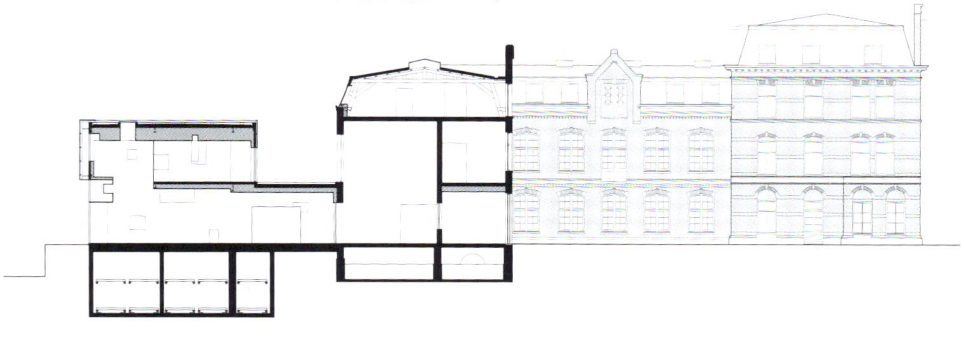

増築部分と既存の図書館部分の連結を示す断面図

クリストフ・マックラー（CHRISTOPH MACKLER）

コンスタンス湖畔の住宅の増築、ドイツ、1996

フランクフルトをベースに活動するクリストフ・マックラーのドイツ・コンスタンス湖畔の住宅の増築は、現在住宅として居住している16世紀のワイナリーに行われた増築である。このワイナリーは歴史的建造物に登録されていることから、増築にあたって建築家は一定の設計規則を遵守しなければならなかった。

ガラス張りのブリッジ構造でワイナリーと連結された増築部分は、地面に埋め込まれた立方体の生コンクリート製の土台の上に、1本のピロティ（支柱）と4つの軸受けで持ち上げられた2階建のブロックが覆いかぶさるようになっている。湖側からは増築部分は幅の狭い方の端部しか見えないことから、ワイナリーの存在感はそのままである。これによってマックラーは形態と材料において増築部分を明確に区別する自由を手に入れた。メインの構造体を頂く掩蔽壕《えんぺいごう》のようなブロックは共同スペースの役割をし、長細い建物には4つの寝室と台所、突き出たコンクリートボックス状のバスルームが設けられている。

湖に張り出した西側の端には2階層分の窓が建物のコーナーを取り囲んでいる。マックラーは非常に古いタイプの窓の1つであるオリエル窓の特徴を生かし、それに新たなひねりを加えた。オリエル窓は、特にこの場所のように三面がガラス張りになっている場合は室内に光を採り入れる実用的な方法であり、また、内部空間をファサードの向こうの外部に向かって突き出させる方法を検討する方法でもある。

遠目からは明るい色で塗られた木製ボックスフレームがヘリット・リートフェルトやデ・ステイルの建築を思わせる。固定されたガラスウォールの中に開放窓を組み込んだ透明な構造は白く塗られた壁に対して印象的な効果を与えている。この建物の他の部分では、窓はよりプライベートなものでありファサードの奥深くに設けられているが、それはあたかも湖畔側のコーナーに大きく広がったガラスで失われているプライバシーを補っているかのようである。2つの張り出したボックスにはそれぞれ小さな長方形の窓が1枚ずつと小さなバルコニーが1つずつ設けられ、半地下状に地面に埋設されたリビングルームは、天井に遊び心ある形で埋め込まれたトップライトで照らされている。

1階平面図

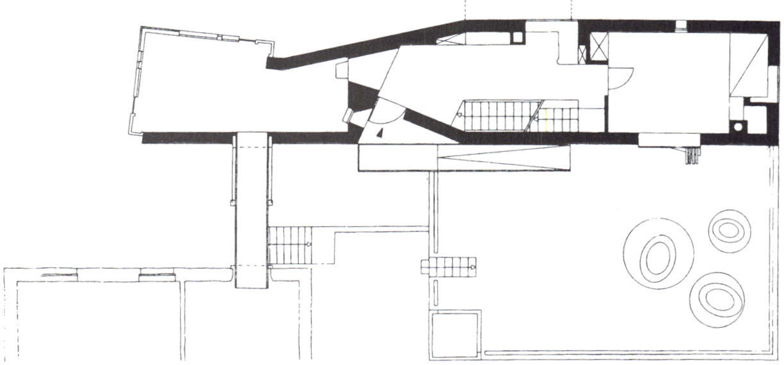

右
増築部分は2つの部分、すなわち、半地下に埋設されリビングエリアを内包した構造体と、その上に浮かぶ細長い増築部分に分けて設計されているように見える。バスルームはファサードから突き出たコンクリートボックスの形態をとっており、この「浮かぶ」モチーフを繰り返している。

クリストフ・マックラー（CHRISTOPH MACKLER）　コンスタンス湖畔の住宅の増築、ドイツ

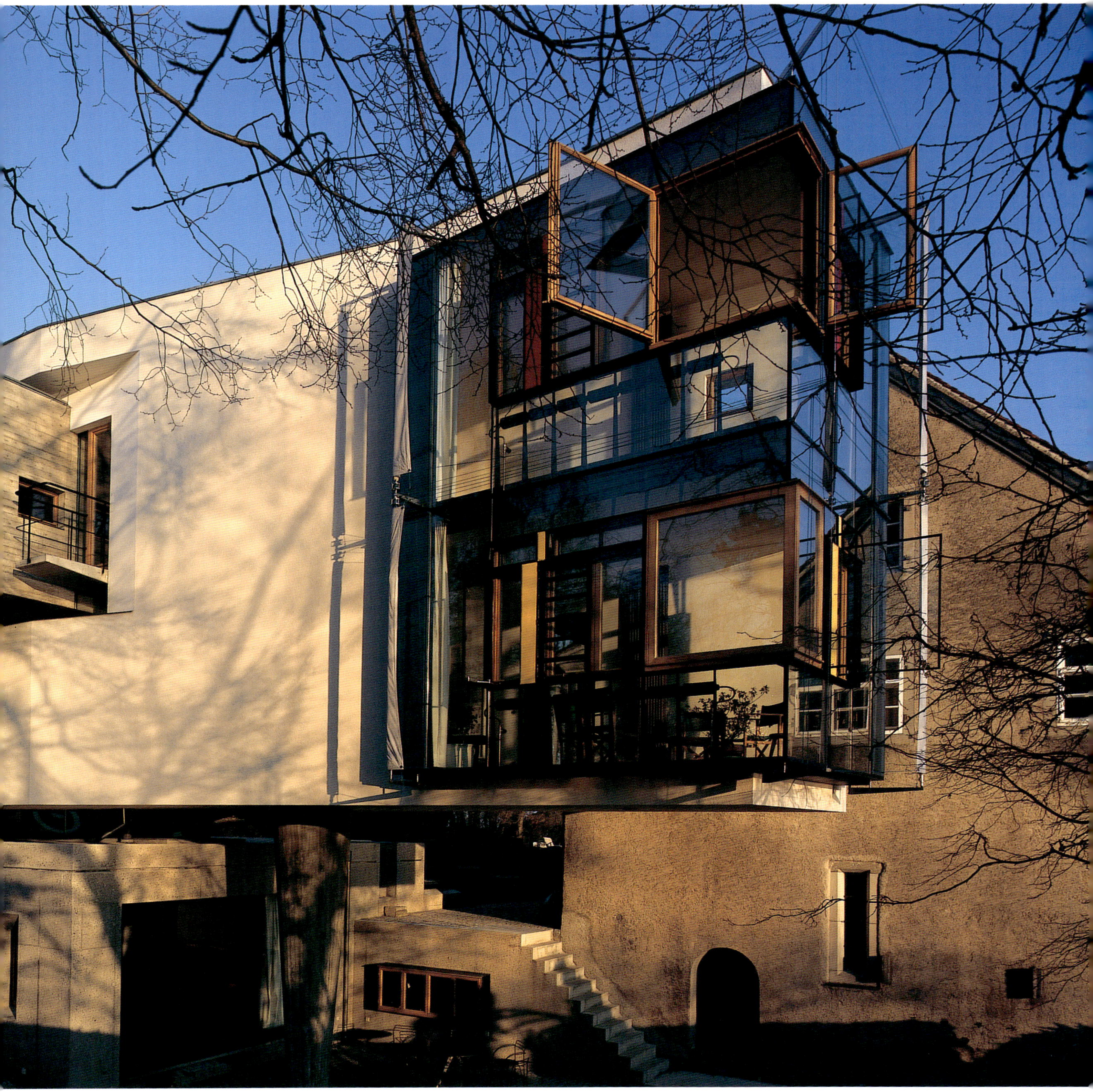

左
増築部分の幅の狭い方の端部には、建物のコーナーを取り囲むように現代版のオリエル窓が設けられており、増築部分を風雨から守りつつ湖の眺めを確保している。

上
南面と西面のファサードには、固定ガラスパネルの間に色のついた金属製の仕切りや直角に開放する窓があり、デ・スタイルの建築を思わせる。

リチャード・ロジャース・パートナーシップ(RICHARD ROGERS PARTNERSHIP)

ロイズ船級協会、英国・ロンドン、2001

ロイズ船級協会(LRS)は230年以上前からロンドンのシティに拠点を置いている。19世紀後期に現在の所在地であるフェンチャーチ・ストリートへ移転し、アーツ・アンド・クラフツ運動の中でT. E. コルカットによって設計された建物に入居した。1990年代にLRSはリチャード・ロジャース・パートナーシップにロンドン南部の用地の調査を依頼した。結局LRSはシティに残ることを決断したものの、移転検討のきっかけとなった問題は残された。すなわち、現状では拡張のための余地がほとんどなく、敷地が保全地区内にあるという問題であった。ロイズの建物の中で最も有名なロイズ・オブ・ロンドンは歴史的景観という点では口先だけですら同意していないことは明らかであることから、リチャード・ロジャースの起用に異例の選択であるという印象を持った人もいるかもしれない。

都市計画では建物が通りに面する部分は一部に制限することとの明確な定めがあった。言い換えれば、14階建もの巨大な建物は視界から隠さねばならず、すべてを限られた空間内に納めなければならないのである。建築家はその解決策を「鏡の国のアリス」と表現しているが、これが意味するところは、狭いフェンチャーチ・プレイス側から建物は見えるものの、より精密な観点からは見えていないように見せるというものである。

全面ガラス張りのオフィスはたいてい夏の高温に苦しみ、一定の室温を維持するために空調設備に依存している。ロイズのこの建物ではそれを2つの方法で克服している。その1つは、全体のデザイン・コンセプトであるが、これはアトリウムが2つのオフィスタワーを分離し、日光をオフィスの奥まで採り入れつつ、同時にオフィスや外部の間の温度緩衝装置として働くというものである。職員は窓際に座り、直接外界と接触することなくメリットのみを感じることができるのである。2つ目の要素は、東側と西側ファサードの電動式ルーバーの利用である。このルーバーは太陽の高度に応じて回転し、各階のアーチ型天井に設置された"chilled《チルド》 beam《ビーム》(冷却梁)"がオフィス内に涼しい空気を運び込む。

色彩はタワーの垂直構造を強調しており、メイン構造部分には青色、階段には黄色、エレベーターには赤が用いられている。この建物は部分的に外から見えないようにしなければならなかったものの、建物は1枚の巨大な窓のようでもあり、これらの色彩は即座に目に入り、中にいる人々の動きはアニメーションのように見えるのである。

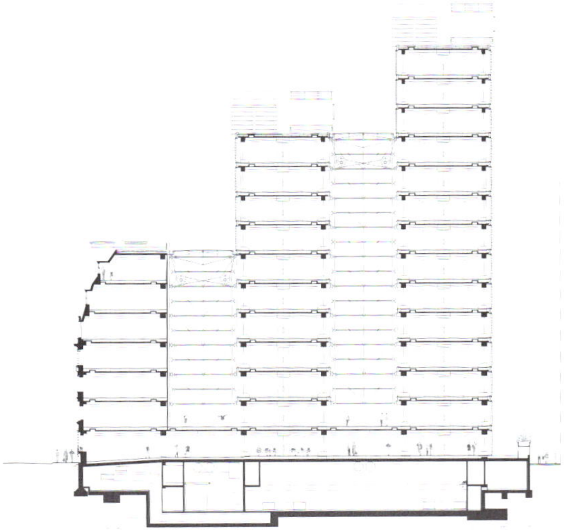

オフィスとアトリウムの断面図

右
鉄骨構造はリチャード・ロジャースのトレードマークでありロイズ・オブ・ロンドンのビルでも用いられた赤、黄、青の原色で塗られている。

左
ロンドンのシティの歴史的地区にこのような密集した建物の建築を実現するには都市計画当局者との長年にわたる交渉を要した。その結果がガラスと鉄骨による離れ技であり、この中では建物の構成要素を明らかにする上で色彩が重要な役割を果たしている。

上
広い床面はオープンプランでも個人用ワークスペースを仕切る形でも利用できる。オープンプランは、正面のガラス張りファサードからあふれるように差し込む日光を皆が確実に享受できるという明らかなメリットがある。

右上
聖キャサリン教会コールマン墓地の改葬および土地区画整理は、再開発によってシティにもたらされた大きなメリットの1つで、静かな保護区域が生まれた。座るスペースと水を用いた演出が組み合わせられたこの空間は昼食場所としてよく利用されている。

公共施設における表現

公共領域は常に切迫した状況にある。古くからの都心部も都市の経済基盤の変化と共に荒廃状態に陥ってしまう。場所によっては、民間企業が大規模な都市再開発に関与しているが、求められる利益と公共空間への需要の対立によって必ずしも満足できる結果は得られていない。しかし、ウィーンやベルリンのように、その理由は政治的、経済的、あるいは社会的なものであれ、新たなアイデンティティの構築を求める都市では市民の誇りの復活がみられる。大きなニュースとなったのは、フォスター・アンド・パートナーズによるベルリンのライヒスターク（連邦議会議事堂）などのランドマークプロジェクトであるが、これらの都市では、町や地域、あるいは国の認識を形作る上で役割を担う大使館から教会に至るまでの広範囲な建物に対し、適切な建築言語を見つけ出す必要にも迫られているのである。過去10年の間に、文化的建物のブームによってそれまでは存在があまり知られていなかった都市に新たな局面が加えられることとなった。最も有名なものはおそらくスペインのビルバオにあるフランク・ゲーリー設計によるグッゲンハイム美術館であるが、これによってバスクの一都市はかつて栄えた工業が衰退した不毛地帯から国際的な観光都市へと変容を遂げたのた。文化的イメージと市民の誇りを改めて作り直す手段の1つとして、他の都市もこのような建築と芸術という刺激的な組合せに飛びついたのである。

右
ムルシアの中央広場に面し、18世紀に建てられた荘重な大聖堂に相対するように立つラファエル・モネオ設計の市庁舎は現代スペインの民主主義の誇りを表したものである。

オルトナー・アンド・オルトナー(ORTNER & ORTNER)

レオポルド美術館・近代美術館、オーストリア・ウィーン、2001

かつて宮廷の厩舎であった場所に立つウィーンの新しいミュージアム・クォーターは世界有数の文化的複合施設の1つである。もっともそこに至る道のりは容易なものではなかった。ラウリッツ・オルトナーとマンフレッド・オルトナー兄弟が設立したオーストリアの設計事務所オルトナー・アンド・オルトナーによる初期の設計は、有力紙主導の批判を浴びた後に断念せねばならなかった。彼らの設計は、ノスタルジックな魅力こそが街を特徴づけるものであるとする考えと苦闘していた都市の正に痛いところを突いたのである。最終的に建築されたものはある意味で妥協の産物である。プロジェクトは規模が縮小され、3つの新たな建物は厩舎のバロック様式のファサードの裏に隠されることとなった。その結果、新たな美術館はリンクシュトラッセからはその一部しか見えない。近づくにつれて全く見えなくなってしまうのである。

上
地上階のギャラリーの広い開口部からはレオポルド美術館の中央アトリウムのトップライトが見える。入場者はここから階段を利用して右に行くことも左側のクリムトギャラリーに行くこともできる。

中央入口に足を踏み入れた入場者はまず19世紀の馬術学校を目にする。この建物の両脇にあるのが2つの新たな建物で、黒い方が近代美術館、純白の方がレオポルド美術館である。3つ目の新たな建物であるkunsthalle《クンストハレ》は馬術学校の裏に隠れており、わずかにその張り出した屋根が見えるのみである。

このような配慮があっても、プロジェクトの結果はこのような歴史的場所で想像されるものからはかけ離れている。近代美術館は地表が爆発して出現したかのように見える。その原因の一部は、建物の被覆用に火山岩の一種である玄武岩を選択したことだけでなく、従来型の窓がないことが奇妙な混乱を招いている点にある。窓がないことで大きさの感覚がないのだが、実際には精密に配置された玄武岩の板に合わせるように垂直に開いたスリットに見える部分が窓となっている。すべてのギャラリーは人工的に照明が施されている。街の景色を眺めるにはレオポルド美術館に行かなければならないのだが、そこでは窓はやや異なった扱いがされている。

この滑らかな石灰石でできた白い立方体構造では窓は来場者が建物を理解する助けとなっている。ピクチャーウィンドウからは街の景色を望むことができ、またアトリウムの全長に渡る一続きの中央階段の位置を明らかにしている。他の窓は美術館へのガイドとして機能し、全面ガラス張りのスロットはギャラリーの位置を示し、ブロンズガラスの内窓からは中庭の周囲に配置された他の部屋を一瞥することができる。

本頁
1階部分の細長い窓には意味がある。政治的圧力およびメディアからの圧力により、この建物によって厩舎部分の18世紀のファサードが隠れることのないように建物を部分的に沈めなければならなかったのである。

mumok
15.9.

上
この内向的な建物から見える唯一の眺めは、上階の展示スペースにある1枚の長いパノラマウィンドウから望める街並みである。

左
近代美術館の方を見ると不思議な感覚に陥る。窓がないことで大きさの感覚がつかめず、入口も明らかではなく、壁と屋根の区別すらない。

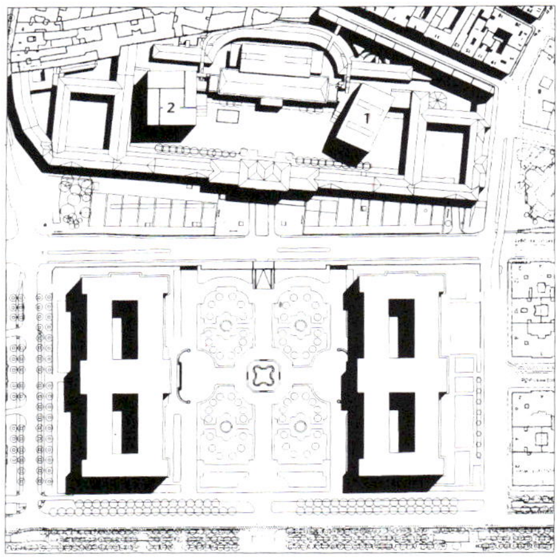

長さ350mの宮廷厩舎の裏に慎重に建てられた美術館ゾーンを示す敷地配置図

図中の番号
1　近代美術館
2　レオポルド美術館

ダニエル・リベスキンド（DANIEL LIBESKIND）

ユダヤ博物館、ドイツ・ベルリン、1999

ダニエル・リベスキンドのユダヤ博物館は世界でも極めて多くの議論を呼んだ建物の1つである。ホロコースト関連組織の手による他の多くの記念館とは異なり、この博物館は時系列によるアプローチを避け、過剰なまでに大規模な空間、鋭角のある壁、そして長い窓やスロットからなる、感情に訴える建築が選ばれた。リベスキンドは1989年にコンペティションに優勝した。10年後に博物館が完成するまでには、ドイツは統一され、ベルリンは再びその首都となった。都市の位置付けの変化に伴い、新たな保守主義や莫大な債務が生じたが、このような状況下にあって建築家の当初の計画が事実上全く手を加えられることなく実現されたことは注目に値する。

この建物の設計は大まかにではあるが、ユダヤ教の象徴であるダビデの星が崩れた形に基づいている。さらに、それだけではなく、リベスキンドはベルリン市内の重要地点を結んだ線を用いて博物館の基本的なアウトラインを作り出したのである。このラインは敷地内をジグザグ状に走り、隣接する既存の博物館とは全く類似点を持たない。来場者は地下へ導かれ、そこで1つの選択に直面する。すなわち、直進すれば中央階段を経由してギャラリーへ、2つ目の通路を進めばホロコーストタワーへ、3つ目の通路は追放と移住の庭へ至る。ギャラリー中に刻まれているのは一連の「ヴォイド」で、寒々とした硬質な空間が建物の高さ全体にわたって広がる。スリット様に開いた窓から間接的に光が差し込み、これがホロコーストで失われた人々の命の表現しがたい不在を象徴している。最も当惑する部分は重い金属扉で密閉された長細い空間のホロコーストタワーである。この中に閉じ込められた人は皆、壁の上部からわずかに差し込む一筋の光に集中させられるのだ。1つしかない窓は全く届きようのない高さにあるだけでなく、そこから聞こえる街の音は歪められ物悲しい風の音となる。

技術的な面からは、あらゆる角度へ放射しつつ、密封性が保たれ、かつ外壁と面一にするのではなくむしろ内壁にはめ込まれた窓にするというリベスキンドの要求に応えなければならないこの窓はとてつもない難問であった。この建物は多種多様なレベルで理解可能であるが、その複雑で時にわかりにくく、理解するには知識を要する、この建物が生まれた原点が未だ解決されないことを来場者は理解する必要がない。傷跡のように窓が配置された、きらきらと光る亜鉛のスキンは、深く心動かされる体験への出発地点である。これらの窓から見えるギザギザに切り取られた街の景色を眺めるだけでも、この博物館で表現された出来事のいくつかが極めて間近で起こったのだということに気づかされるのだ。

上
土を入れた49本の柱がホフマンの庭を形作っているが、この庭は追放と移住の庭としても知られている。柱にはウィローオークの木が植えられており、この木が完全に成長するとコンクリートの上に緑の庇ができる。

左
ファサードの切り込みは博物館の断片化された設計に対応しており、窓の上に重ね合わせるように配置されている。この窓の配置もランダムに見えるものの、実際には博物館の事務所が設けられている上階に近づくにしたがって数が増えている。

上
設計は大まかな部分でダビデの星の形に基づいたものである。また、建築家はベルリン市内の歴史的出来事やユダヤ人文化にゆかりの場所を線で結んで建物の基本的なアウトラインに用いた。

右上
亜鉛はベルリンでは非常によく用いられる素材で、完璧なまでに細かい加工が施された被覆は時を経ると青みがかった灰色にくすんでくる。ファサードに入れられた切込みは造園設計部分にも連続している。

右
ヴォイドはそのすべてに接近できるわけではないが、ポイントは明確である。何も展示されず、銃撃用のスリットに似た窓から光が差し込むこの空間は、ヨーロッパの歴史とホロコーストのが残した文化におけるギャップを表現している。

南側ファサード立面図

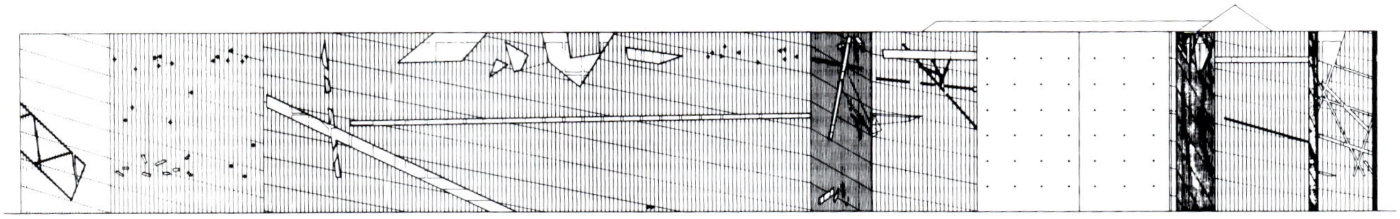

ダニエル・リベスキンド（DANIEL LIBESKIND）　ユダヤ博物館、ドイツ・ベルリン

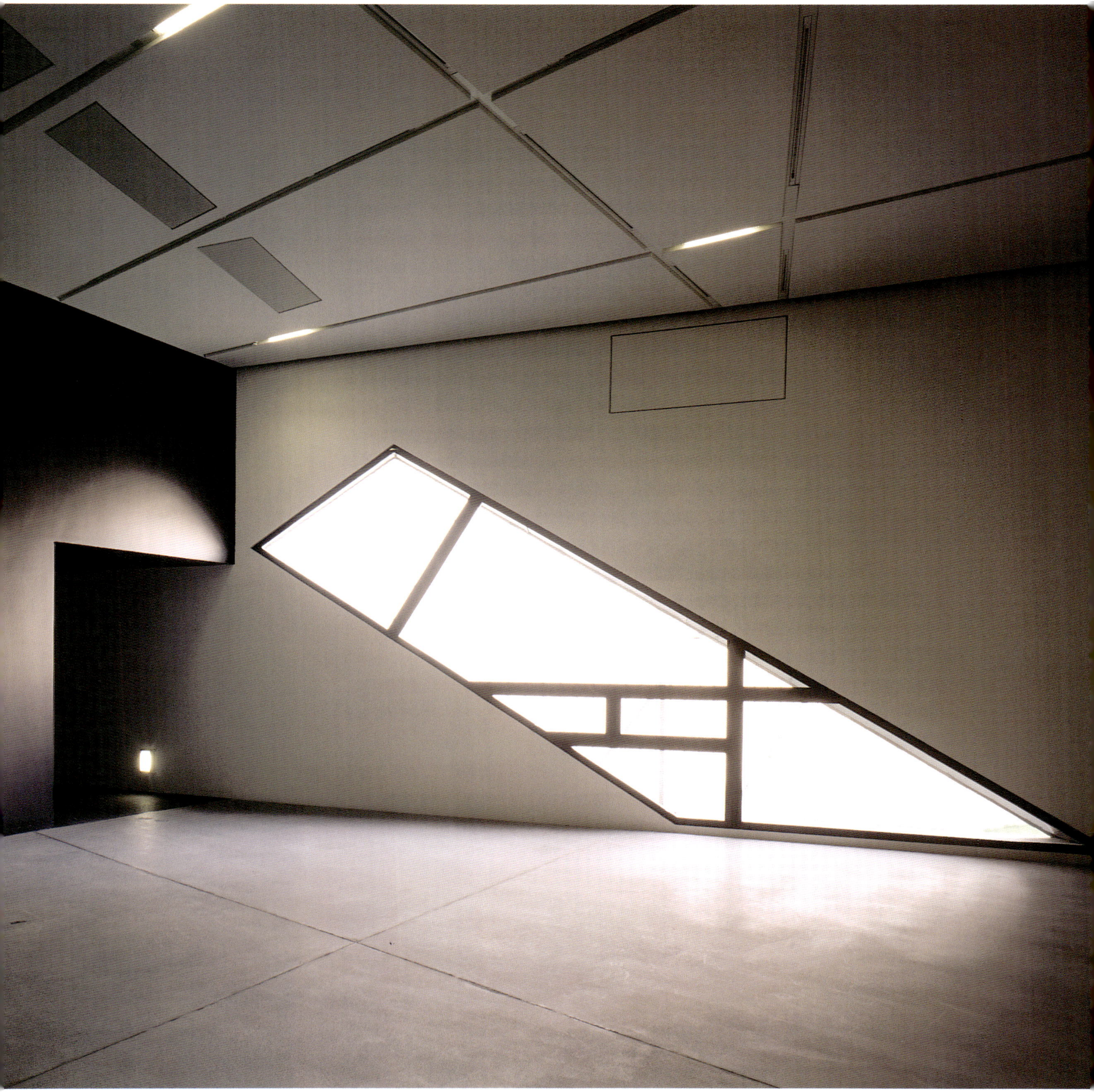

フランク・ゲーリー(FRANK GEHRY)

DG銀行、ドイツ・ベルリン、2001

DG銀行はパリ広場に立つこのフランク・ゲーリー設計による建物を「統合の象徴であり、芸術と建築によって具現されたベルリンの新たな息吹である」と見なしている。建物の北側はO.M. ウンガースやアルド・ロッシなどの合理主義的な建築家の作品を思い起こさせ、その石の外装や慎重に制御されたソリッドとヴォイドの比率は装飾を削ぎ落とした古典主義を示唆している。石壁に開けられたプレーンな開口部は、日中は快適な職場環境を作り出している一方で、夜にはその内部を最大限に明らかにする。巨大なガラス窓はスライド式で自動開閉し、上階のガラス窓は上部が外側に向かって傾斜する。

フォーマルな印象がやや弱められた南側ファサードには、わずかに突き出したオリエル窓があり、これらは日光へのニーズと省エネルギー上の制約とのバランスをとらねばならない北ヨーロッパの建物の窓とその形態も規模も似ている。複合施設のこの部分には集合住宅が組み込まれている。そのデザインは波状になっており、それは低層階ではほとんど気づかない程度で上層階に向かうにつれて徐々にその特徴が強められているのであるが、ファサードの後側に何かとてつもないものがあることを示唆しているのは、唯一この部分なのである。

厳格な建築規制とすべてのオフィスに窓を設けたいというクライアントの要求に直面したゲーリーは、トレードマークである不定形な形状を建物外部で表現するのはやめ内部で表現した。彼の設計は、奇抜な彫像様の造形と構造体が融合した中央アトリウムを中心に展開する。その目玉となる部分は会議室で、これはゲーリーのデザインの中でも極めて彫像的色彩が濃いものの1つで、上方から垂らした布の襞の形状に由来したものである。その上には高く舞うように幾何学的に曲面を描いたガラスのアトリウム天井が覆っている。ゲーリーはこの2組の曲線を同質の構造と見なし、会議室は天井と下部にもう1つ設けられた会議室の上に広がるガラスのキャノピーの間の支柱として機能させている。アトリウムを望む四面にあるのは個室型の執務スペースである。

ここでは、ガラスの層と屋根から注ぎ込まれる光によって生まれる透明性が、対照的な形状のダイナミズムを引き出している。もし表現性の発揮が外部ではなく内部に限定されているとするなら、それは内部における1つ1つの層構造によってさらに高められているのである。

北一南　断面図

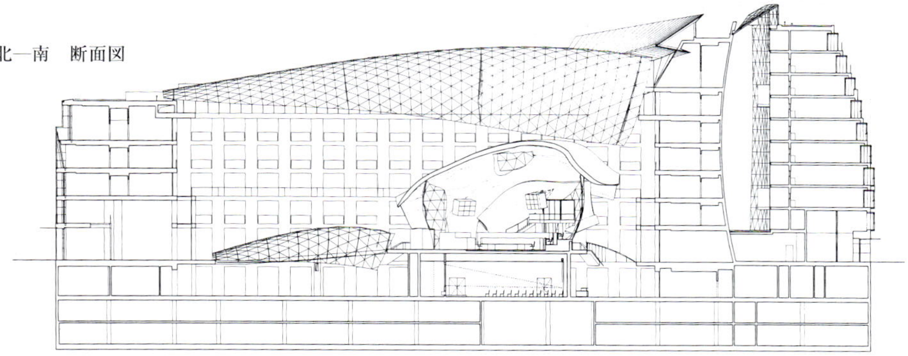

本頁
メインファサードは比較的保守的なデザインであるが、マリオンで仕切られていない必要以上に大きな窓には何か穏やかならぬ気配があり、あたかも建物の未完成状態を示唆し、それによって極めて感動的な内部の意外性を一層強調しているように見える。

左
この建物の真のドラマは内部にある。パイン材で内装された執務スペースに見下ろされるように取り囲まれたアトリウムには奇抜な彫像様の造形があり空間の大半を占めているように見える。実際にはそれは非常に実用的な構造で、曲線を描く屋根の下には最新設備の会議室があり、そこからガラスドームの下にあるレセプションエリアと食堂エリアにつながっている。

上
ベルリンの建築規制は高さと材料に厳しい基準を設けているが、建物の後方の集合住宅となっている南側ファサードでは建築家に与えられた自由度が他の部分よりも高かった。このファサードは波状で、上階部分を後退させたデザインになっており、全体に心地よいリズムを与えている。

右上
レセプションエリアの内側から見た詳細写真。建物の幾何学的設計の奇抜な組合せの妙を味わうにはここは非常に有利な場所である。

マイケル・ウィルフォード・アンド・パートナーズ(MICHAEL WILFORD & PARTNERS)

英国大使館、ドイツ・ベルリン、2000

新しい英国大使館の設計に関しては、ベルリンの建築遺産を守る人々も異論を唱える理由を持たなかった。このドイツの首都は、その建築規則の厳格さにより建物の建築が困難な場所として有名であるが、マイケル・ウィルフォードによる大使館の設計はすべての規則に従っているようである。建物には適切な基礎とマンサード屋根を伴った石のファザードが作られている。22mの高さは建築規則に厳密に従ったものである。しかし、すべてはその見た目とは全く違っているのだ。

窓も上階のオフィス部分では開口部が規則的に並んでおり従来型の窓に見える。しかし、それに比べて下階は当惑させられるようなデザインとなっている。ファサードの両側には1本ずつスリットが残され、各コーナー部分にある階段は建物の連結部として機能し、踊り場の窓は通りに向かって斜めに配置されている。これらによって、ファサードを見た時に感じる、建物の前に置かれた一幅の風景を眺めているかのような印象が強調されている。これらの窓は、風景の背後で折りたたまれたり曲げられたりしながら、異なる旋律にあわせて踊っているかのように見えるのである。

道路に張り出している2つの印象的なオブジェには2つの機能がある。通りに面して1枚の窓があるライトブルーの不等辺四角形構造はインフォメーションセンターである。これは入場門のすぐ上にあり、英国とドイツの2国間の象徴的なインターフェイスとなっている。薄紫色の円柱構造には閉鎖可能な会議室が内蔵されている。

右
通りに面したファサードは上階部分ではオフィス部分の窓である開口部が規則正しく設けられているが、下階部分では着色された金属質構造の抽象的な組合せが入口部分を印象付けている。

もし建築家が規則を曲げてまで印象的なファサードを作らねばならなかったとしたら、内部でこのような妥協を行う必要はなかった。内部はあからさまなまでにモダンなデザインで、制約からの解放を祝っているかのようである。建物は階の異なる2つの中庭の周囲を囲むような構造となっている。下層の中庭は屋外空間で中央にイングリッシュオークの木が植えられている。ウィンターガーデンはその上の階にあって儀礼用階段でつながり、ガラス屋根で覆われている。職員の執務室は、通り、中庭、またはウィンターガーデンのいずれかを見渡すようになっており、常に外部とのつながりが保たれている。慣例をもてあそぶ、すなわち規則を曲げる、ということは、様々な部門で構成されるオフィスビルに近くなってきた現代の大使館を表現するにはふさわしい例えである。昔の大使館を思い出させる唯一のものは初代の錬鉄製の門で、これは壁にある窓の1つの中にはめ込まれている。

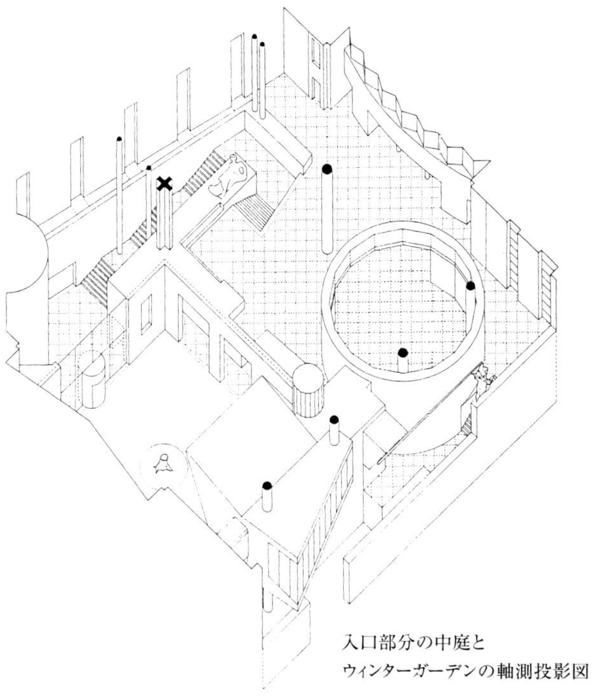

入口部分の中庭と
ウィンターガーデンの軸測投影図

70
BMZ

左
大使館の2階はウィンターガーデンとして知られる大きなガラス屋根付きのホールとなっており、ここには木製のカウンターが一直線に伸びるバー、紫色に塗られた講堂兼会議室がある。

上
ヴィルヘルムシュトラッセに面して設置された旗竿からユニオンジャックがはためく。中庭に入った訪問者は1本のオークの木――英国の忍耐の象徴――の横を通ってレセプションエリアに着く。

上
中央のイングリッシュオークが存在感を示すエントランス部分の中庭はセキュリティ面を念頭に設計されている。ロールスロイスを停められるだけの十分な広さがあり、政府高官や外交官は車から降りて直接内部エントランスに入ることができる。

ヘーガー・ヘーア(HÖGER HARE)

カトリックセンター、ドイツ・ベルリン、2000

上
聖トマス・アクィナスの信徒席は礼拝堂のように意図的にシンプルなデザインとなっている。

右
教会はコンクリートの列柱の裏にあるメインの中庭に立つ。御影石と共に点在するように配置されているのは緑色のキャストガラスで、これらがソリッドな石壁を光で透けて見える壁に変える演出をしている。

ベルリンの壁崩壊後ほどなくしてローマカトリック教会は、市の旧東側のオラニエンバーガーシュトラッセに教会所有の土地があることを知った。教会は東ドイツでのカトリックの復活を祝って大規模なカトリックセンターの新築を決めた。新築に際し司教会議事務局をボンから移転し、新たに設立された東ドイツ教区カトリックアカデミー、教会、礼拝堂、40室を擁する会議センター、貸事務所を収容することが求められたコンペティションではヘーガー・ヘーアが優勝した。

聖トマス・アクィナスを祭った教会が、この多様な機能が詰め込まれた複合施設の中の唯一かつ最も重要な部分である。信教を問わず様々な人々が立ち寄る公共施設というコンセプトの下、カトリック色をあからさまにすることは避けられている。建物は強固な印象の立方体をしており、ガラスブロックをちりばめた石壁にとり囲まれている。ブロックが現れる頻度は上に向かうにつれて多くなり、上部では壁のほぼ60パーセントをブロックが占めている。夜になると、これらの幅広の高密度ガラスブロックが内部の照明で輝くが、その神秘的なヴォリュームが最も生き生きとした表情を見せるのは、周囲に配されたトップライトから差し込む日光がくっきりと影を描く昼間である。滑らかなガラスブロックは叩き仕上げの石壁と好対照を見せ、上部に向かって数が増えるガラスは視線を否応なしに上に引き寄せる。

従来の感覚ではとても窓とは呼べないものであるが、このガラスブロックは壁にとって不可欠な部分である。高さ4.5cm、奥行き50cm、長さ63cmのガラスブロックは大きさも見た目も石ブロックと全く同じで、もしかしたら目には見えない天使が触れた石がガラスに変わってしまったのかもしれない。コスト面の事情から、壁は地上4mはコンクリートコア、それより上はブロックコアとして、そのさらに上にはトップライトを支える環状の梁を設けることを余儀なくされた。しかし、壁の厚みいっぱいにガラスブロックが伸びていることで、堅固さや完全性といった感覚が強化されている。

ヘーガー・ヘーア（HÖGER HARE）　カトリックセンター、ドイツ・ベルリン

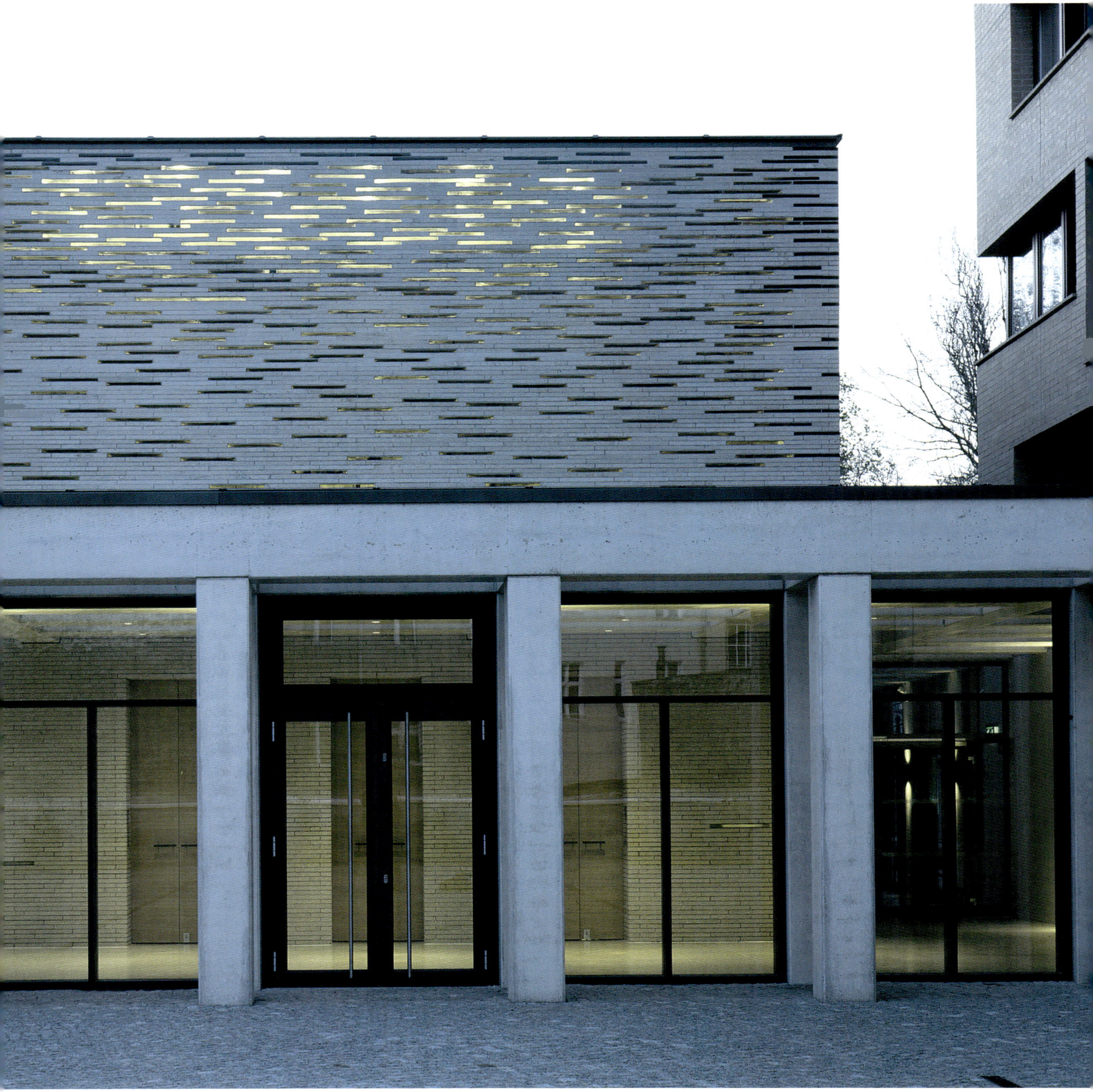

上
複合施設の様々な機能がいくつもの明確に独立した構造を生み出している。7階建の事務局オフィスは彫像作品のような印象の強い外観で入口部分を特徴づけている。

左
教会は一枚石とガラスウォール、コーナーに立つ4本の柱で支えたbaldacchino《バルダッキーノ》（天蓋）という天井構造の2つの要素で構成されている。

右上
司教会議事務局内の礼拝室は、聖トマス・アクィナス教会よりもこじんまりとして落ち着いた空間となっている。白いアラバスターパネルの内層を通して光が浸透する。

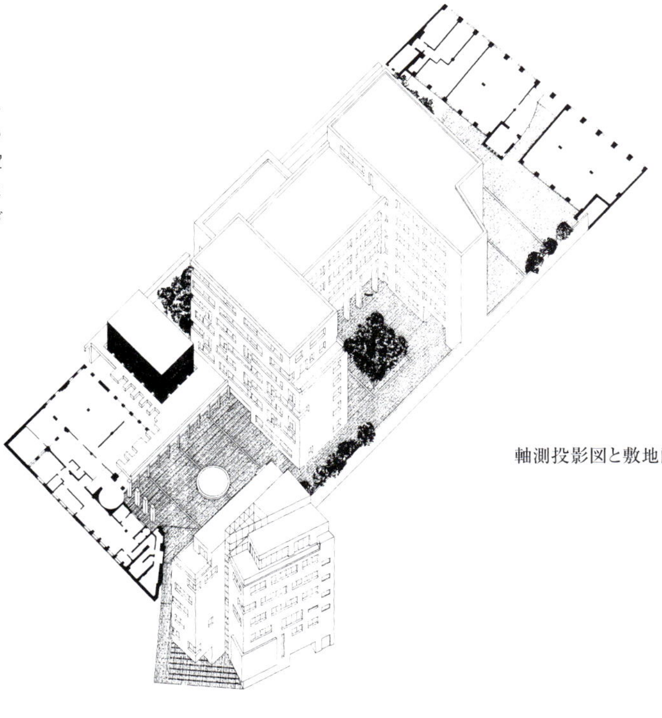

軸測投影図と敷地配置図

ベンソン・アンド・フォーサイス(BENSON & FORSYTH)

アイルランド国立美術館ミレニアムウィング、アイルランド・ダブリン、2002

窓というものは、建築家が内側と外側の区別を曖昧にさせるという古臭い遊びに熱中している場合には必然的に曖昧な雰囲気を帯びてくる。しかし、ベンソン・アンド・フォーサイスによるアイルランド国立美術館のミレニアムウィング増築部分はそのような安直な表現を超越している。

メリオンスクエアにある元のイタリア風ギャラリーとその近隣の建物に挟まれた隙間に詰め込まれるように立つ新たなウィングの姿で通りから唯一見えるのは、クレアストリートに面した部分である。しかし、そこには無数の窪んだ面や本館の建築線から張り出した面があり、接合部に生まれた溝の1つ1つはスリット窓や日没後に石のファサードに光を降り注ぐためのランプを目立たないように設置する場所として利用するなど、緻密な細工が施されている。ファサードの抽象表現の解読は、入口のすぐ裏にある「オリエンテーションスペース」から始まる。一続きの階段がまっすぐ伸びて、新しいギャラリーや旧館部分へと続く。左手には売店、そして右手の対角線上に伸びた大きな壁の一方にはトップライトのある広いレストランがある。保存されたリージェンシーボールルームとジョージ王朝様式のタウンハウスの2つの奥行きの浅い凸型出窓と共に、この空間には外に設けられた中庭のような雰囲気がある。特別収蔵品や研究のための小さな区域は別として、新しいギャラリーは売店の上部2層部分に設けられている。採光は、上側の階にはトップライトがあり、下側の階では細長いルーフライトから差し込む光が側壁を背景として作品を美しく照らす以外は人工照明に依存している。

右
中から見える景色同様に外から見えるギャラリー内部も慎重にコントロールされており、ジャック・イェーツの作品群や世界各国の20世紀の作品の一部を含めた展示品を垣間見ることができる。

ベンソン・アンド・フォーサイスの設計の中でも非常に強力なテーマの1つは、窓は単なる採光源やデザインのためのものでも、巧妙な細部仕上げを施すための手段でもなく、情報や究極的には意義といったものを明らかにする手段なのだというものである。建物を回遊するにはいくつかのルートがあり、それぞれがレンスター・ローン(訳注:レンスターハウスと呼ばれる現アイルランド国会議事堂前の芝)、ジェームス・ジョイスが妻ノーラ・バーナクルと最初にデートした場であるとされるウィックロウ山地などの名所に向けたドラマチックでありながら繊細なフレーミングによって特徴づけられている。これらのルートと眺望は、このような都市と歴史的コンテクストの中にある建物に対するベンソン・アンド・フォーサイスのコンセプトの中で不可欠なものである。すなわち、物理的なルートによって暗示的な眺望へと導かれるように、建物自体もアイルランドの神話的な歴史と現実の歴史の間のギャップを埋める手助けをするのである。また、展示品自体もこの建物の歴史的および文化的位置への重層的な解釈を付け加えているのである。しかし、採光源である窓とそれが都市や建物、展示品に関して明らかにしている内容こそが解釈上のコンテクストの確立に貢献しているのである。

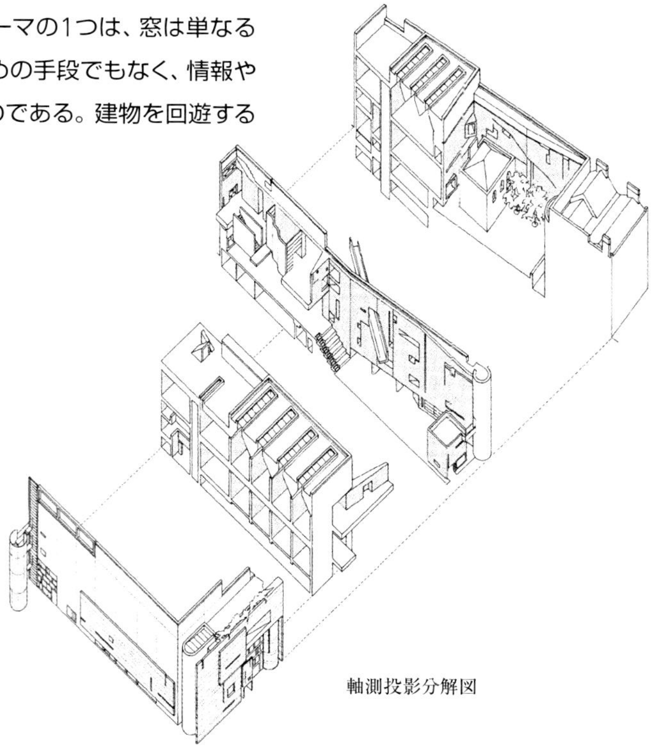

軸測投影分解図

Galleries
Library and Lecture Theatre
Cloakroom
Lifts to all levels
Toilets

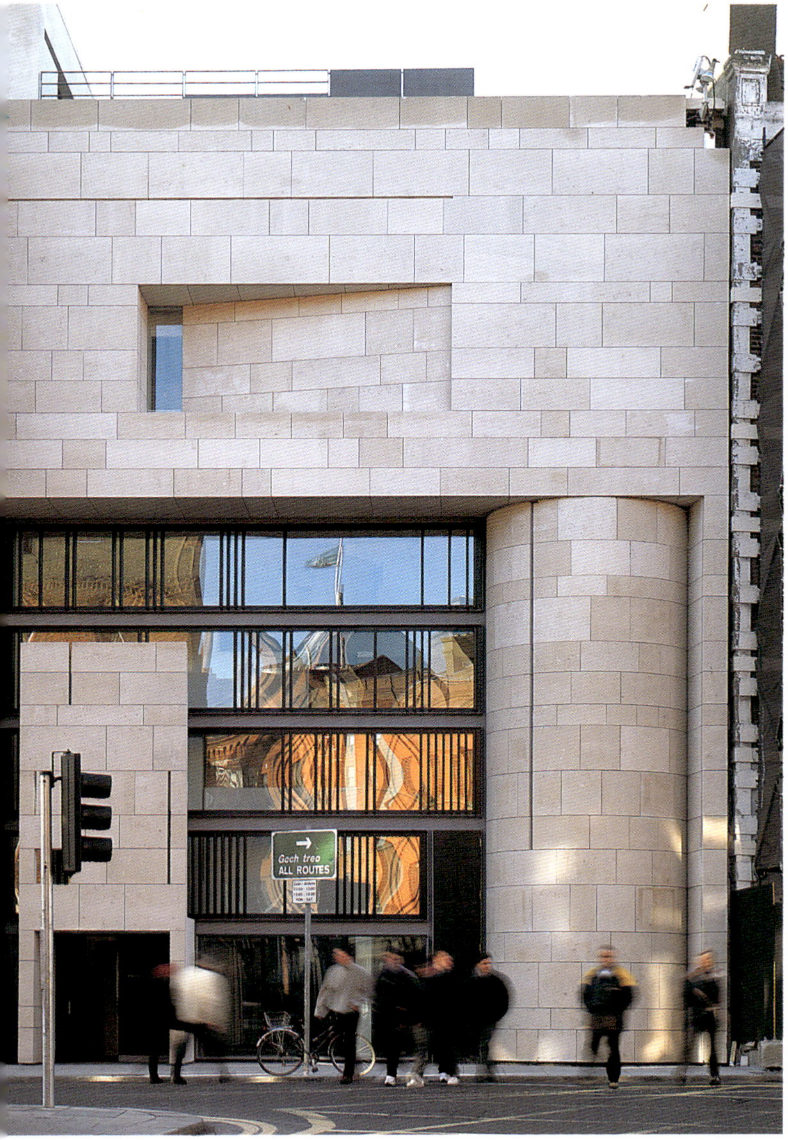

左
建物に入ってすぐのところにあるオリエンテーションスペースにはどこか中庭のような風情があり、その雰囲気は厚い壁に刻み込まれたりくり抜かれたりして作られた開口部によって強められている。

上
他の多くのダブリンの建物と同様に、新たに作られた彫像的なファサードの表面はポートランド石で覆われており、近隣のジョージ王朝様式建物を圧倒せざるを得ない存在感となっている。

右上
ブリッジ窓から見た入口部分。内部から見た外の街の景色だけでなく、建物内部の眺めも慎重に考慮して窓を配置している。

アイレス・マテウス・アンド・アソシエイツ(AIRS MATEUS & ASSOCIATES)

学生寮、ポルトガル・コインブラ大学、2000

学生寮は狭苦しく自然光がほとんど入らない侘しい場所であることが多いが、大学が理解ある依頼主となる場合もある。ポルトガルで最も著明な建築家アルバロ・シザはオポルト大学建築学部とサンチャゴ大学ジャーナリズム学部を設計した。つい最近では、ポルトガル西部のコインブラ大学は、リスボンを拠点とする若い建築家アイレス・マテウスに新しい学生寮の設計を依頼した。依頼内容は2つの道が接続してできた三角形の扱いにくい敷地に、多数の学生を収容する施設を作るというものであった。それに対し建築家は2棟の建物、すなわち7階建のタワー型建物と三角形の低層建物を提案した。これら2棟の間には玉砂利を敷いた小さな中庭を設けた。

各学生にはワンルームタイプの居室が与えられており、それらの部屋が2室1組として配置され、シャワーとトイレが共用となっている。タワー棟には各階の南西のコーナーに談話室があり、別の広い談話室が三角形の棟の東側にある。

壁には2種類のデザインが用いられている。北側、西側、南側の3面の外装はオフホワイトのコンクリートブロックが使われているが、ブロックの切断によりやや粗い感じでありながらきらりと光るような表面の雰囲気が出て、大学内の他の建物のコンクリートと関連づけを行いつつ、対比の効果が得られている。一方、ウィンドウウォールはそれとは全く異なっている。低層階の窓は中庭を見渡すように配置されている。入口階では窓は大学食堂を通り越した先に南向きに配置されている。タワー棟の窓は東向きで、ここから見える松林や遠くの川の景色は最も美しい。居室の窓はほとんどすべて木製パネル貼りの壁の中に組み込まれている。窓は縦方向に細長く、人間の形に合わせた比率となっており、窓というよりもむしろ扉のようである。各窓には周囲の木製パネルに正確に寸法を合わせて作った2枚の木製雨戸が備えられている。

本書で紹介した3件の別のプロジェクト──在ベルリンフィンランド大使館（pp.24-7)、ショーン・ゴッドセルの家（pp.36-7)、そしてザウアーブルッフ・ハットンのGSWビル（pp.74-7）と同様に、ファサードの表情の変化が建物内の居住者の生活を物語っているのである。ここでは雨戸の開閉というシンプルでありながら意味深い行為によってファサードに躍動感が生まれている。

上
窓は縦方向に細長く、むしろ扉のような比率となっている。内廊下側にある匿名性の高い本来の正面扉よりも各学生の部屋を明らかに示すことができるのはおそらくこちらである。

左
この緻密かつすっきりと仕上げられた木製のウィンドウウォールは、キャンパスの他の部分にある白い建物に対比させ、周囲を取り囲む松林と調和するように設計されている。

ラファエル・モネオ（RAFAEL MONEO）

市庁舎、スペイン・ムルシア、1998

ムルシア（スペイン）のカルデナル・ベルーガ広場に面して謎めいた壁が立っている。楔型になった空間の幅の狭い側では歴史的な建築線を守っているものの、その開口部は隣接する建物の荘厳な秩序も向かい側に立つ大聖堂の18世紀のファサードの華美な装飾も真似てまいない。建物は見るからに現代的デザインであるが、広場の長い歴史を示唆しているようにも見え、サンクンコートから近づくとまるで考古学の発掘調査現場に現れたかのように見えることによってその印象はさらに強められる。

この奇妙な壁はラファエル・モネオの設計による市庁舎別館の一部である。別館には公共ロビー、階段講堂としても利用可能な会議室、事務所、受付スペースが設けられている。18世紀に建築された住宅を取り壊すことにより、教会と国家の緊張関係やさらには民主主義と市民のアイデンティティを表現するようなファサードをムルシアの公共空間の中心に設計する機会がプロジェクトによってもたらされた。

地元産の砂岩で作られたファサードは、上階になるほど数が増えるという不規則な開口部の配置が特徴的であり、堅固な基盤の上に軽快で遊び心にあふれたとも言うべきルーフラインを頂き、大聖堂のような姿を見せている。開口部の不規則性は単に新しい建物に明確なアイデンティティを持たせるためのものであったかもしれないが、複数の政治的立場あるいはムルシアの奥深い歴史——ムーア人によって9世紀に作られたこの都市は貿易の重要拠点であった——も反映しているのかもしれない。もっとも、ファサードの大部分の開口部は実際には窓ではない。3階レベルより上側では石壁はアーケードのような役割を果たし、コロネード（列柱廊）のように陰を作り内部空間を朝日から保護している。この構成は合理的であり、地味な印象すら受けるが、建築家は対面に立つバロック様式の正門と市庁舎本館のガラス張りのロッジア（開廊）からヒントを得たのである。もっとも、モネオがこのような無表情な開口部を壁に設けようとしたのにはさらに理由がある。開口部に大きなガラスを嵌めれば大聖堂や塔の景観をフレーミングすることになり、それが教会と行政との不安定な関係の表現につながることを避けたのである。

伝統的に公共広場に面したファサードは通りに面したファサードよりも優位な位置づけにあるが、モネオはその伝統を尊重しているのだ。敷地の形状は、両側の立面は広場側のファサードよりもかなり長くなっているものの、これら2面はファサードに比べてはるかにシンプルに扱われている。ここでは開口部は伝統的な規則性を持って配置され、新たな増築部分の都市構造への融合を助けている。

建物断面図

上
地元産の方解石で覆われたファサードは、その構成上のフォーカルポイントとして大型扉とほとんど変わらない2階分の高さのある開口部を設けている。実際にこの建物は専用の入口を持たず、19世紀に建てられた市庁舎本館にガラス張りの連絡橋で接続されている。

左
広々としたバルコニーが角柱の内側に隠されており、これによりこの街の歴史上初めて地元自治体がムルシアで最も重要な公共空間を見渡すこととなった。

エンリク・ミラーレス（ENRIC MIRALLES）

市庁舎、オランダ・ユトレヒト、2001

歴史的建造物所有者のすべてが過去の複製品を望んでいるわけではない。現代という文脈の中で業務を行う建築家たちは歴史的建造物に新鮮味をもたらすことができるが、伝統的な解決法にはこのような新鮮味に欠けていることが多いものなのである。オランダのユトレヒト市が市庁舎の増築と再構築のコンペティションを開催するにあたって抱いていた思いはこの点にあった。16世紀に建築された市庁舎は、何世紀にもわたって手当たり次第に増築が重ねられ、迷宮化した空間が連なった状態となり、現代的で効率的なオフィスに作り変えることは困難であった。コンペティションに優勝したのはカタルーニャ人の建築家エンリク・ミラーレスであった（2000年に脳腫瘍により逝去した彼が最後に設計したのがこの建物である）。ミラーレスはスペイン建築の地味なトーンと決別した建築により名声を得ていたものの、これが彼のスペイン国外での初のプロジェクトであった。

ミラーレスは倒壊寸前の中世の建築物があった一区画の解体を許され、それによって新しい4階建のオフィス棟を組み込み、小規模な公共広場を新たに設けるだけの空間が生まれた。また、彼は建物を180度回転させて入口を南の運河側から変更し、現在この建物は北にある新たな広場側に面している。

元のデザインの名残の中に建物の歴史は今も残されているものの、建築家自身のパーソナルなボキャブラリーと複雑な形態言語のボキャブラリーによってさらに豊かなものとなった。その結果出来上がったのは一風変わっているもののいつまでも記憶に残る建物である。中でも窓は非常に魅力的な要素の1つであるが、ミラーレスは採光や眺望の観点から厳密に必要とされる以上の開口部の設置を主張した。しかし、彼がこだわったのはそれだけではなかった。市庁舎の元のファサードに見られた完璧な新古典主義的リズムに従うのではなく、新しい窓を思いのままに並べたり、重ねたり、さらには様々な形を用いたのである。何よりも変わっているのは、いくつかの窓枠を赤にし、その他は廃材の切れ端で仕上げ、それらの切れ端同士はつながっていない状態にするという決定であった。古い材料と新しい材料をコラージュする効果は混乱を引き起こし、建物が廃墟なのかそれとも整形手術の失敗作なのか自ら判断しかねているかのように見える。もちろん、答えはそのいずれでもなく、このデザインは万人受けするものではないが、ミラーレスは建物の歴史を目に見える形で残しながら建物と街との関係を再構築したのである。

上
ミラーレスは新古典主義様式のファサードを尊重していないと非難した評論家もいるが、彼は確かにそれを残したものの、この部分への職員用の新しいカフェの設置に抵抗しきれなかったのである。

右
建物を回転させて運河側を空けたことで新しい広場が作られた。様々な種類の敷石が今では解体されてしまった建物の壁を思い起こさせる一方で、ファサードの前にはミラーレス設計による趣向を凝らした噴水がある。

上
事務所内の新しい階段は様々な材料を抑制を効かせた方法で混在させている。さらに重要な点は、これらの新しい空間における光の質である。無数の窓が建物の奥深くまで光を運び入れる。

左
窓枠も含めて以前の建物の残骸を拾い集め、ファサードはコラージュのようになり、この建物の集合体に深く染み込んだ歴史を思い出させる機能を果たす。

右上
建物は舞台装置のように層状構造となっている。この窓は新しいファサードの一部であるが、裏側には建物本体と新たに設けられた議会事務局ブロックの窓がある。

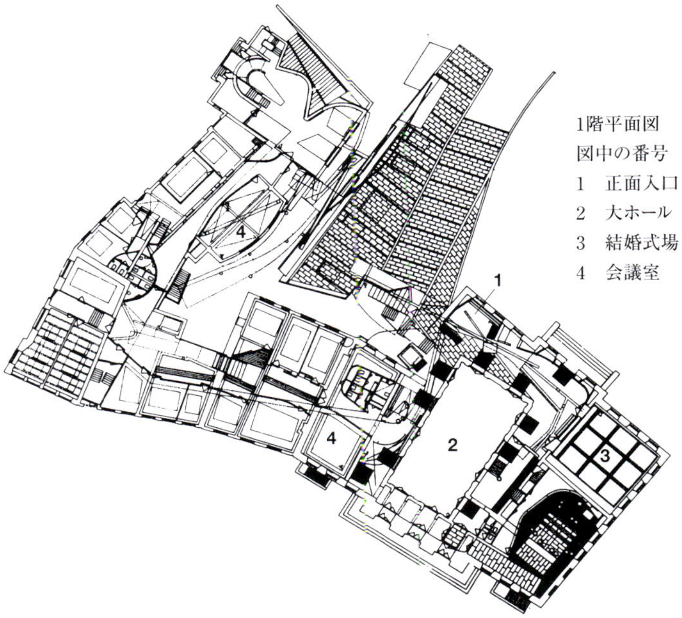

1階平面図
図中の番号
1　正面入口
2　大ホール
3　結婚式場
4　会議室

新たな課題

低エネルギー建築はかねてよりの課題であるが、サステイナブル（持続可能）な設計とは、地球資源の消耗度をいかに抑えるかに基づいた建築材料の選択という以上の意味を持っている。また、それはライフスタイルや職場環境の問題も内包している。長年にわたり、オランダの建築家たちは埋立地の上に密度が濃く、しかも極めて理想的な開発プランを設計することにより、この問題での先頭に立って活動してきた。一方、世界の中でもところが変われば事情も異なってくる。例えば南アフリカでは、建築家にとっての課題は、国家のトラウマに満ちた過去に敏感でありつつ、いかに未来を表現するかという点にある。多くの国々では、土地が不足していることから都市化現象を避ける唯一の方法は建物を上に向かって建てることだと確信する建築家もいる。これと対照的な動きは、景観や気候に順応した建築への関心や建築が環境に与える影響を最小限にしようとする意識の高まりである。建築家が常に革新を続ける必要性は本章でも引き続き探っていくが、建築家たちはそれぞれ多種多様な関心を持っているものの、周到に構想され実現される建物を通して未来を見据えることが今後の新たな課題である。

左
建築家リック・ジョイはアリゾナのこの住宅のためにありふれたスチール材を選んだのだが、激しく乾燥した暑さからスチールは急速に風化して深みのある赤色となり、ソノラ砂漠の色に溶け込んでいる。

グレン・マーカット(GLENN MURCUTT)

アーサー・アンド・イボンヌ・ボイド教育センター、オーストラリア・ニューサウスウェールズ州リバーズデール、1999

多くのオーストラリア人がアーサー・ボイドを同国最高の画家に位置づけているが、彼が残した最も意義深い遺産は、ニューサウスウェールズ州のブッシュに囲まれた画家所有の牧場にグレン・マーカットが設計したアートセンターであるかもしれない。ボイドは子供たちがスケッチや音楽、演劇を通して自然を体験するアートセンターの設立のためにその地所をオーストラリア政府に遺贈した。マーカットはその妻ウェンディ・ルイスとかつての教え子レッグ・ラークと共に屋外円形講堂と多目的ホール、宿泊設備の設計を依頼されたのである。起伏の多い景観に対応して、センターの設計はマーカットの従来の規律性があり直交部分の多い設計とは明らかに異なったものとなった。それは特徴ある幾何学的デザインで、マーカットが「我が良心」と呼ぶミース・ファン・デル・ローエの作品よりもアルバル・アールトの作品に近い。

施設へのアプローチは上り坂であることから、坂を上るにつれて建物は少しずつその姿を現す。ボイドのアトリエの東側の低い位置にあるベランダを過ぎるとようやく新しいホールが目に入る。まず強烈な印象を受けるのは大きく空に舞う羽のような屋根である。実際には屋根は2つあり、1つは会議室を、もう1つは宿泊棟を覆う屋根なのだが、これらの間に出来た「谷」で集めた雨水を再利用しているのである。

ホールには記念碑的雰囲気があるが、宿泊棟にはより個人的で落ち着いた雰囲気がある。これは一部には採光窓の温かみのある木の色によるものである。この採光窓は「窓の中に窓がある」しくみになっており、宿泊棟に修道院のような風情を与えている。一方、その下側にベッドに沿うように横に長く伸びる1枚の窓には川の景色がフレーミングされている。他のすべてのマーカットの作品同様に表現と機能が両立している。修道院の僧房のような窓の配置は、各アルコーブを仕切る白く塗られたコンクリートの日除けブレードと共にファサードにリズミカルな動きを与えている。この建物には冷暖房の設備はないが、ガラス窓の位置と向き、日除け、庇と自然換気を組み合わせることによって、建物が呼吸をし自然にあわせて快適な条件を作り出すように設計されているのである。

敷地図

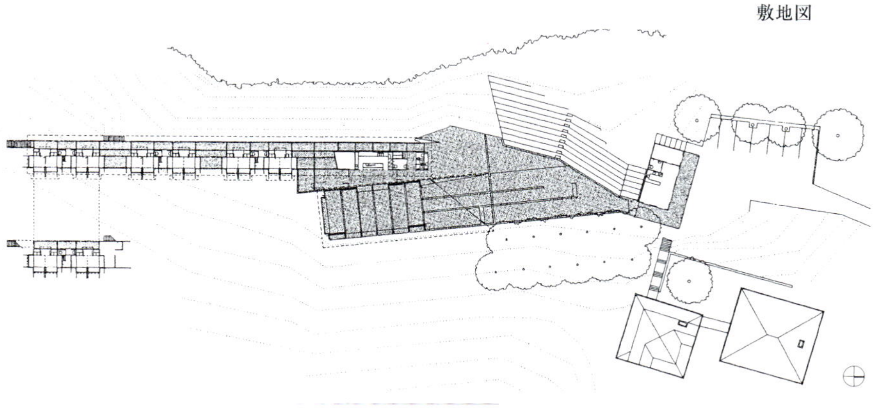

本頁
宿泊棟はセンターを訪れる学生に簡単な宿泊設備を提供している。壮大な眺めを利用した設計になっているが、ここは来訪者を迎え入れるように立つボイドのアトリエとホールに付属した副次的な建物である。

左
遠くから見ると、外側の白いブレードと内側の板戸は「窓の中に窓がある」ように見える。このブレードは実際には固定されており、単にオーストラリアの激しい日差しを避けるためのものであるが、板戸の方は季節に応じて開閉可能である。

上
建物には「自然素材」の色とマーカットが表現するところの白と黒の抑えた色彩の彼好みの材料――金属、コンクリート、木材、レンガ、石材――が組み合わせられてえいる。

右上
各ブロックには4つのベッドを備えた部屋が2室あり8人の子供が宿泊できる。宿泊室は実用本位の設計で冷暖房設備もないが、部屋の内部に張られた木材が温かみと豊かさを与えている。

レム・コールハース(REM KOOLHAAS)

ボルドーの家、フランス・ボルドー、1998

ボルドー郊外の新築の家はある若い家族の夢であったが、その実現は施主である父親が事故で車椅子生活となったことにより延期を余儀なくされた。数年後、夫婦は建築界の異端児オランダ人建築家レム・コールハースに再び設計を依頼した。施主は建築家にこう語った。「私はシンプルな家など望んでいないのです。複雑な家が欲しいのです。というのは、家こそが私の世界を規定しているのですから」

3つの家が積み重なるように設計されたこの非常に変わった家には、3つの扉から入ることができ、そのそれぞれが異なる内部体験へとつながっている。まず1つ目は1階の台所へ、2つ目はリビングルームへの階段につながり、3つ目は城の中のような階段で、その先に外のテラスが突然現れる。このようなバリエーションは、住宅にはより広い空間の豊かさを取り入れていなければならない、とするコールハースの考えの一部であり、それ故にこの家は3層で構成されているのである。最下層は洞窟のようであり、最上層は子供たちと夫婦の寝室に分割されている。最も重要な部屋は中層階にあるリビングルームである。これは半分室内で半分室外というガラスボックスの原型的なもので、床面が飛び出して川や街の風景の上に浮かんでいるように見えるのである。

3つの階の間の移動手段はエレベーターで、このエレベーターがそのまま各階の床に形を変える。最上階では施主のオフィスとして機能し、中二階ではアルミニウムのフローリングを完成させる一部となり、最下層では台所の一部となる。外側と内側の区別を消してしまう大きな窓は実際には重量感のある2重ガラスの電動式引き戸で8.5mの高さがある。家の中層部分はオープンな空間であるものの、上層部分を建築家は非常にクローズドな空間にすることを望み、それぞれの寝室の利用者の身長にあわせて円型窓を設計した。ル・コルビュジエのすべてを見渡す1つの目(窓)はいくつもの目(窓)に置き換えられたのである。ここでは子供たちは自分の成長と共に部屋も常に変化していくのを感じることができる。様々な高さの窓の内、まず最初のものは目の高さにある窓で、ここからは地平線を垣間見ることができる。次の窓は周囲の景観をフレーミングしており、その次の窓は、建築家が「すぐ近くにある地面をフレーミングした閉所恐怖症防止穴」と呼ぶもので、これは下階にあるガラスの家のパノラマのような眺望へのアンチテーゼとなっている。

左端
窓は様々な形と大きさをしている。子供部屋の1つにあるこの大きな回転窓と同じものが階下にある中庭にも作られている(中央の写真を参照)。

上
夜の主ファサードを中庭から見たところ。壁の様々な高さに設けられた「スイスチーズ」窓が見える。

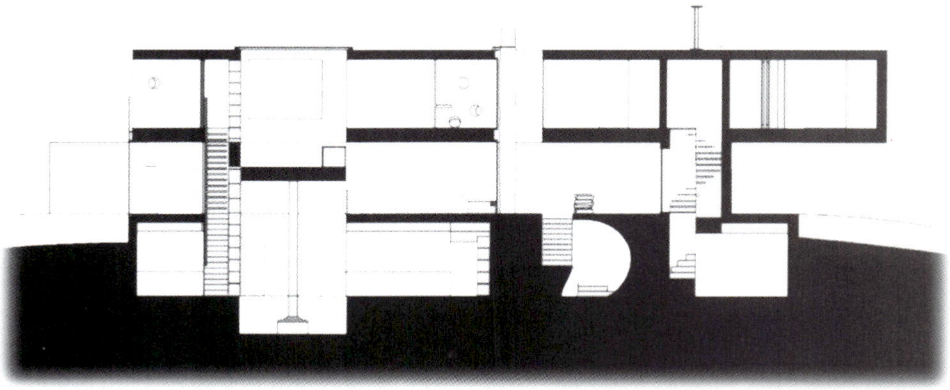

縦断面図

左
この家のスケールは外見からも雰囲気からも個人住宅のものとは異なる。最上階は1つのコンクリートボックスで、これは柱のない中層階の上を信じ難い形で覆っており、ボックス自体は螺旋階段を内包した巨大な1本の柱と地面に墜落して風化したように見える1本の緊張材によって支えられているのである。

上
巨大な金属製外部カーテンは南向きの主寝室に日陰とプライバシーを確保する。隠されたレールの上をスライドさせて中層階の全面窓を取り払うと部屋をほとんど消滅させてしまうことができる。見えるのは3段の背の高い書棚だけという状態になるのである。

本頁
9人の建築家がボルネオ第12区画（中央右側）と第18区画を含む運河に面した住宅を設計した。これらの住宅の居住者は、都市に近接した生活を好むが広い屋外空間を必要としないカップルや子育てが終わった夫婦が大半である。

MVRDV

ボルネオ集合住宅、オランダ・アムステルダム、2000

　ボルネオ・スポーレンブルグ島はアムステルダムの広大な東部港湾再開発地区の約3分の1を占めている。この地域はかつては倉庫や線路の引込み線、荷役クレーンがあった忘れ去られた土地であった。都市デザイン事務所West8はこの島に2,500戸のタウンハウスやアパートからなる2つの細長い土地のレイアウトを決定し、伝統的なカナルハウス（運河に面した住宅）の再解釈を9名の建築家に委託した。政府は既に住宅密度を1ヘクタールあたり約100戸（オランダ国内でも最高レベル）と定めており、それに応えてWest8は小さな区画の大半を連続させて配置した。これにより建築家はライトコートや屋外空間を設けて日光を家の奥深くまで採り入れる方法を探ることとなった。

　住宅の大半は同種のユニット、すなわち家族用住宅、水平方向に連結したフラットや垂直方向に連結したメゾネットタイプの住宅が並んだ設計となっているが、Scheeptimmerstraat《スヘープティマーストラット》の土地は個人の施主用に個別の設計がなされた。ボルネオ第12区画と第18区画の施主が選択したのはMVRDVであった。このMVRDVはウィニー・マース、ヤコブ・ファン・レイス、およびナタリー・デ・ブリーズが1991年に設立したロッテルダムを拠点とする建築家事務所である。建築済みのプロジェクトにおいても未建築のものにおいても、MVRDVはその密度と空間拡張の可能性に魅了された。

　ボルネオ第12区画はこれら2つの住宅のうち小さい方で間口が2.5mである。建築家はこの敷地を半分に分割し、残りを通りから運河へ至る通路として利用することに決めた。通路に沿って半分の区画に建てられた建物の側面全面が1枚のガラスウォールとなっており、この非常に狭い部屋の隅々までに日光が差し込む。天井まで高さのある引き戸が住宅と通路を接続している。この引き戸は換気に用いるだけでなく、玄関扉や庭への入口、ルーフテラスへの通路としても機能する。

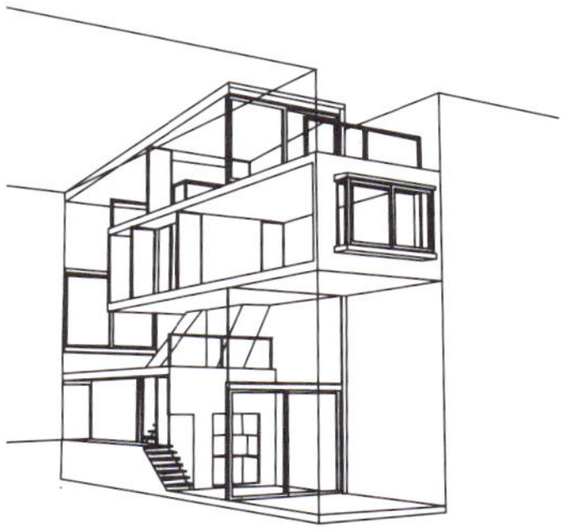
ボルネオ第18区画の軸測投影図

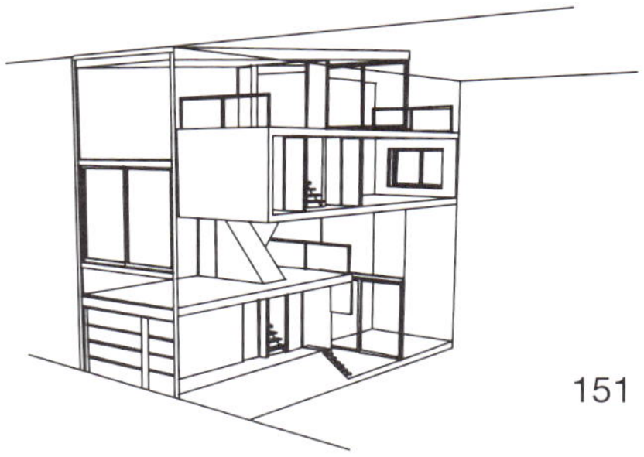

　ボルネオ第18区画ではMVRDVは違った方法をとった。ここでは間口いっぱいに建物を建て、バスルームと寝室を水際側へ引き出すことによって4層のフロアを作り出すことに成功した。その結果出来上がったものは、様々な高さとプライバシーレベルを持ち、大きなガラス窓で外部と接続した一連の部屋である。実際には、このアムステルダムの新しい地区でこのようにほとんどショーウィンドウのような窓を設けたのには別の理由があった。元のマスタープランでは、通常の1階レベルの高さよりも高くして正面をオープンなガラス張りとすることで、需要が生まれ規則が許せば住宅をカフェや小規模ビジネスに容易に転用できることを建築家は提案していたのである。

上
ボルネオ第18区画は空間が複雑に連なって構成されているが、そのメインとなっているのが運河に面したこのリビングルームである。大きな窓であるためプライバシーはほとんどないものの、高い天井と共に空間を実際よりも大きく見せている。

右上
ボルネオ・スポーレンブルグ島はアムステルダムの広範囲な再開発地区である東部港湾再開発地区のわずか3分の1に過ぎない。

右
空間にほとんど余裕がないことから、様々な設計においてはすべて家のヴォリュームの奥深くまで日光を採り入れる必要性を考慮することが重要であった。運河に面したボルネオ第12区画では水面に揺らめく反射光という追加的な効果も得られている。

リュシアン・ル・グランジュ(LUCIEN LE GRANGE)

ネルソン・マンデラ・ゲートウェイ、南アメリカ・ケープタウン、2002

ケープタウンのネルソン・マンデラ・ゲートウェイほど政治的意味合いが極めて強いプロジェクトを挙げるのは難しいだろう。このフェリーターミナルと博物館を兼ねた建物は街とロッベン島を結んでいる。ロッベン島とは、1665年にオランダの植民地政策に反対した政治犳反体制主義者たちの幽閉場所として初めて使われた小さな島である。1960年代初期にはアパルトヘイトに反対した政治指導者たちの刑務所となった。

このゲートウェイの設計にあたって建築家リュシアン・ル・グランジュは周囲の建物のビクトリア朝様式を模倣すべきではないと感じた。ヴィクトリア・アンド・アルフレッド・ウォターフロントは、ケープタウンの都市再生プロジェクトの成功例の1つで、かつての港湾倉庫を盛況な複合商業施設に変えたものである。最も最近の増設は時計台地区で、ゲートウェイはこれにあわせた設計とする必要があった。建築家はこの建物に独自の象徴主義を組み込んで、人々が南アフリカの近年の歴史を振り返るために開かれた巨大な窓として建物を透明にすることを試みた。この建物には浮桟橋やレストラン、ホール、案内所、展示スペースなどと共に来場者が島へ渡る準備に関する実務的な機能を組み合わせる必要もある。ル・グランジュは建物についてこう語っている。「象徴的な意味でも実用的な意味でも透明でなければならないと考えました。つまり、外から中が見える建物であると同時に港や港の入口から見える建物であり、反対側まで見通せる建物でなければならないのです」

建物の北西面にあるメインファサードからは1959年から1992年にかけて囚人たちが島に送られた際の乗船地点が見える。日差しを制御するために上下の各階でフリット加工ガラスのルーバーが用いられている。レストランのある3階の上層部には最長2mの高さのはめ殺しガラス窓と外に向かって開く押し出し式の明かり取り窓が設けられている。

対照的に、(刑務所のセクションBコートヤードに因んで)「コートヤード」と呼ばれる3階分の高さの吹き抜けとなったホールは意図的に閉鎖空間にされている。光は階段の上方のトップライトや太陽の方角を向いたガラスウォールを通して差し込むが、乗客を桟橋へと導くタラップ様のスロープとも相まってどこか不安な気分にさせる効果がある。

上
この建物には島の歴史に関する数々の展示物があり、来場者がロッベン島へ渡るための予備知識を得る助けをしている。展示物は中央コートヤードと待合所を取り囲む3つの階に収容されている。

建物断面図

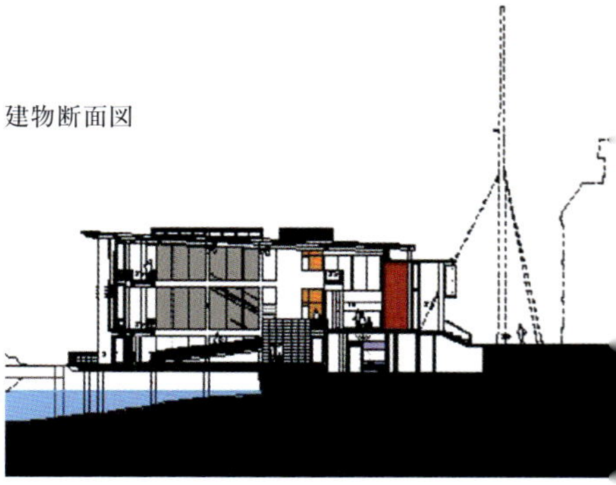

本頁
フリット加工ガラスのルーバーは日差しを制御して、建物から見える重要な景色であるロッベン島へ送られる囚人たちの乗船地点が夏の間も見えるようになっている。

リック・ジョイ（RICK JOY）

タイラー邸、アメリカ・アリゾナ、2001

「私は常にその土地に根ざした建築の創造に努めています」とリック・ジョイは語る。彼は米国南西部の歴史にルーツを持つラムドアース建築による一連の優雅な作品で最もよく知られている建築家である。タイラー邸はジョイにとって1つの出発点であった。施主のウォーレンとローズ・タイラーは土よりも洗練された建築材料を希望したことから外装にスチールを用いた。タイラー夫妻の美術品コレクションの展示を考慮して、内装は白壁と淡色の木材で仕上げられた。スチールを扱うにあたっては、ジョイは南西部の開拓時代に建てられた金属屋根の物置小屋やサイロというこの土地独自の表現を利用した。深い赤錆色に変わったことでスチールはソノラ砂漠のテラコッタ色に馴染むようになった。

この住宅が立つのはアリゾナ州トゥバクのメキシコ国境から24kmの地点で、晴れた星空や稲妻を伴う嵐の壮観な光景、そして乾いた雲ひとつない天気で有名な場所である。この場所の景観もまた並外れて素晴らしいものである。3つの山並を背景にして砂漠性の潅木や背の低いメスキートの茂みが一面に広がる様がすべて家から見えるのだ。

上
建築家は可能な限り住宅をこのドラマチックな景観の一部にしようとした。地面から低い位置に見える勾配屋根は山脈の形に同調させており、スチールの外装はアリゾナの気候の中で赤錆色に変色している。

左
この家は全面ガラスと慎重に構成された開口部の組合せにより設計されている。開口部のいくつかはガラスがなく単に景観をフレーミングするだけとなっている。

建築のポイントは、様々なレベルで機能する家であった。金属の外装の粗い雰囲気は美しく繊細に仕上げられた内装と著しく対照的であったが、施主は室内と室外の境界が曖昧になった住宅を希望した。引き戸式のガラスパネルは部屋を屋外ポーチに変え、家の内側からは向こうに広がる景色に視線を引きつけられるのである。実際にはこの家はメインの住宅部分と、作業場と車庫が併設されたそれより小さいゲストハウスの2つの建物で構成されている。これらは中庭に面して立ち、トゥマカコリ・ピークの景色をフレーミングするためにわずかに角度がつけて配置されている。中庭は西側のプールのデッキへと続く。ここには屋外キッチンが屋根が深く張り出した下に雨風を避けて設置され、側壁をくり抜いて作った横長方形のガラス無しの開口部が砂漠の風景をフレーミングしている。

家の中に入ると今度はこの景観が一連の感動的なパノラマとして演出される。時には2つか3つのフレーミングされたパノラマが斜めに同時に見えることがある。窓はすべて長方形であるが、その内のいくつかは特別に作られた箱状のスチール製フレームの奥深い部分にガラスをはめ込んだものであったり、また、いくつかはフレームの外面をガラスで塞いだものや、あるいはファサードとほぼ面一となるように設置されているものもある。

上
玄関の位置を示しているのはファサードから張り出した中空の長方形のスチール製ボックスであるが、これはまるでスライドを見るのに使うビュアーのようであり、室内越しに家の向こうにある景観まではっきりと見通すことができる。

右上
屋根で覆われたポーチ、中庭、黒い御影石で縁取られたプールはドラマチックな演出をすると同時に家の境界を遠い地平線まで広げる働きをしている。

右
リック・ジョイは、建築物は自然に対抗するように存在するのではなく、可能な限り地形と調和しながら自然と共に機能するべきであると考えている。ここでは彼は丘を水平の棚状に削り、家が土地の上に低く横たわるように見せている。その姿はこのあたりに生息するざらざらした皮膚を持つトカゲのようでもある。

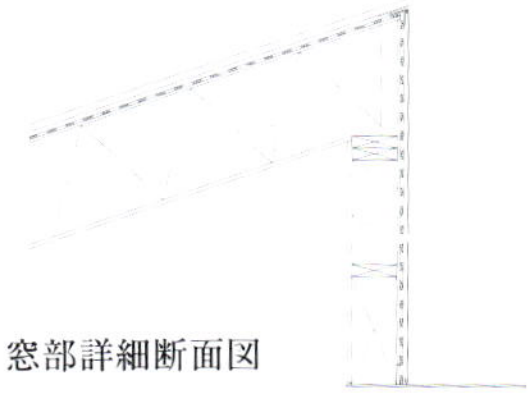

窓部詳細断面図

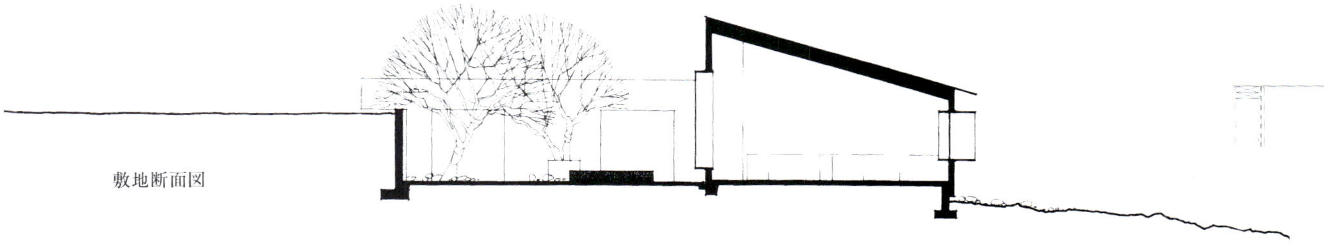

敷地断面図

グミュール・アンド・ヴァッキーニ（GMÜR & VACCHINI）

3軒の家、スイス・ハルヴィラー湖、2001

単親家族や拡大家族、独身者が住宅を購入したりアパートを共用する——このような共同生活の形はすべて一世代前には想像できなかった。しかし現実には住宅事情はそのような社会の変化に追いついておらず、例えば、独り暮らしは今でも法外なまでに費用が高くつくことがある。このような問題を打開し、独居の不便や高額な維持費用を避けるために、3人の中年女性はスイスのチューリッヒとルツェルンの中間に位置するハルヴィラー湖の畔の同じ敷地に、それぞれの家を建てる決断をした。

シルヴィア・グミュールとリヴィオ・ヴァッキーニの設計による3軒の住宅は、厳しい表情をしているものの、ソリッドとヴォイド、中庭と建物、コンクリート壁と最低限のガラスが嵌められた開口部、プライバシーと社交性の間で建築家が演出するゲームによって、建物はあちこちで目にするスイス・ボックス派（訳注：ヘルツォーク・アンド・ド・ムーロンやギゴン・アンド・ゴヤーなどシンプルな形状や素材を用いた作品で知られるドイツ語圏スイスの建築家たち）の「ボックス」の単なる再加工を超えた興味深い建築プランとなっている。各住宅は間口も高さも6mで奥行きが10mの1つの閉じたヴォリュームとそれに付帯する同じ寸法のロッジア（開廊）で構成され、ロッジア内には南向きのセミプライベート・テラスが設けられている。住宅自体は、1階部分ではリビングルームと台所で、2階部分では寝室とアトリエでそれぞれ区切られている。

これらの住宅は、3軒すべてが湖の眺望を等しく楽しめるように、わずかに傾斜した敷地の中程に設けた1つのプラットフォームの上に建てられている。実際には、建築家は個々の住宅を1つの長く連続した住宅として設計しているが、それぞれの間のオープンな中庭には芝を自由に生やすようにしたため、一定のプライバシーを保ちつつ、屋外空間にも秩序を確立することが可能となった。3人の施主がこのように互いに近接して生活することから、中心となった課題は公的区域と私的区域を明確にすることであった。それは、垣根や壁を用いるのではなく、ソリッドとヴォイドによる微妙な遊びによって達成された。すなわち、家の半分をオープン、もう半分をクローズドとし、一方は「熱く」、もう一方は「熱くない」というようにしたのである。このような反対の要素というテーマの下、建物の立面は、大きなフレーム無しの外部窓と家の内部を隠すコンクリートパネルの露出を向かい合わせ、平衡状態を保たせるようにした。

飾り気のない材料と正方形をベースとした形は、特にこの土地のように絵のように美しい場所では住宅に用いるのは奇妙な選択であるかもしれない。これらの住宅はくつろいだ居心地の良さや従来の感覚でのプライバシーは提供していないものの、多種多様な住宅の必要性を長く無視してきた住宅建設業界に対し問題を提起しているのである。

左
これらは3軒の独立した住宅であるが、建築上の観点からは全長70m奥行き10mの1つの建物である。

上
開口部は非常に大きく、南向きで湖の景色を臨む。厳格な幾何学的構成と個々の敷地の2分割によって、個々の住宅が1つの閉じた空間と1つの開いた空間の半分ずつによって構成されているという感覚が強められている。

右上
リビングスペースはわずか120㎡（写真は1階のリビングルーム）であるが、ガラスによって室内が室外へ開かれることで実際よりも非常に広く感じられる。

右
コンクリートがより重視され、その理解が進んでいる国もある。スイスの建築家たちは、特にガラスやスチールなど他の材料と近接して並べた時の材料の視覚的性質を認識している。

バウムシュラーガー・アンド・エベルレ(BAUMSCHLAGER & EBERLE)

集合住宅、オーストリア・インスブルック、2000

上
高性能な断熱壁と3重ガラス窓によりヒートロスが最小限に抑えられている。

集合住宅はオーストリアの建築工事の3分の1以上を占めるが、技術革新の機会は限られている。これは一部にはコスト面での制約によるが、オーストリアではモデルニズムは広く普及している地元文化の影響を受けたスタイルと戦わねばならないことにもよる。そんな中で、ブレゲンツに拠点を置くカルロ・バウムシュラーガーとディートマル・エベルレは、モデルニズムの観点からシンプルなマテリアルやフォルムのエッセンスを探る余地は十分にあると考え、集合住宅に的を絞ってきた。

アルプス山脈という環境は、インスブルックの西端に位置するこの建築計画にとって極めて重要な要素の1つである。298戸のアパートには、それぞれ日照や山の眺望、そして広い屋外空間が確保されている。既存の居住区域の増築であるこのプロジェクトでは、5階建から7階建の建物6棟を分散させて配置し、駐車場は地下に設けてその上に舗装された通路と公共領域の空間を確保した。

通路や玄関の採光が悪く貧弱な設計となった集合住宅が非常に多い中で、ここでは公共エリアに優れた設計と惜しみない投資が行われている。玄関、中庭、階段は共用通路へ続き、そこから各戸へつながっている。設計では、リビングスペースを眺望と日照が得られる側に配置し、台所とバスルームは中央部のライトウェルやサービスコアの周囲に配置した。各戸には建物の全周を囲んだバルコニーに向かって外開きとなるフランス窓の全面窓があり、それぞれがセミプライベートの豊かな屋外空間を確保できるようになっている。

透明ガラス窓のバルコニーの外に取り付けられた可動式の銅製雨戸は建物の1階層分の高さがあり、日光や風雨から建物を守る役割を果たす。エベルレはこれらの雨戸を「近隣との関係に対処するツール」と呼んでいるが、それは、雨戸によって入居者は自分の希望に応じて周辺環境を自在に取り入れることができるためである。また、雨戸は建物にとってもドラマチックなスキンを形成しており、やや地味に見えるファサードを活気づけ、常に変化するリズムを与えているのである。

バウムシュラーガー・アンド・エベルレ（BAUMSCHLAGER & EBERLE）　集合住宅、オーストリア・インスブルック

上
雨戸を利用して入居者は各自の必要に応じて周辺環境を自在に取り入れ、眺望やプライバシーをコントロールすることができる。

左
この建物は集合住宅であるが公共エリアにはゆとりが感じられる。階段部分は上方から採光されており、建築家は厳しい予算にもかかわらず高水準の仕上げにこだわっている。

右上
建物間の隙間は透明性や日照や影、山の景色による効果を最大限に発揮できるよう慎重に計画されている。

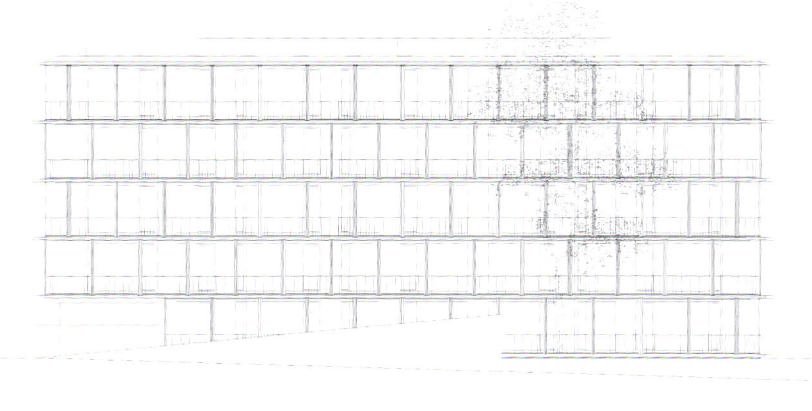

代表的立面図

デイヴィッド・アジェイ（DAVID ADJAYE）

エレクトラハウス、英国・ロンドン、1999

若手建築家デイヴィッド・アジェイは窓のない住宅の設計にあたり住宅に対する従来の認識に挑戦した。1999年の完成後に巻き起こった非難が示唆しているのは、いかに英国の建築が進歩したとしても、窓も玄関扉もない一般住宅を建てることは行き過ぎであったということのようだ。

エレクトラハウスは画家であり彫刻家でもある施主の依頼によるもので、文化的多様性や不動産価格が安いことから芸術家やデザイナーに人気があるロンドンのイーストエンドに立つ。この住宅は厳しい予算の下で建てられたのであるが、窓のない設計は予算面から決定されたわけではなかった。施主は作品やビデオを見せるための大きな内壁を希望し、アジェイはそのような要望の範囲内で実験を試みたかったのである。この点について彼は次のように語っている。「私はファサードが持つもう1つの可能性をロンドンの人々に示したかったのです。イギリスには敢えて窓のないファサードを設けるという伝統があります。そのほとんどはジョージ王朝時代の街並みに見られ、これらは窓税の結果として生まれたものです」また、彼の設計では、街自体が魅力的でないのになぜ通り側に窓を設けなければならないのか、という疑問も提起された。

アジェイの事務所では各プロジェクトに対しマテリアルと技術における1つの実験としてアプローチを行っており、アジェイが最も得意としているのは、安価な工業材料を変化させて面白いテクスチャーやサーフェイスを生み出すことのようである。エレクトラハウスでは、通常はストリートファサードのコンクリート打放し壁用の型枠として用いられる樹脂加工合板が利用された。玄関は側道の方にしまい込むように設けられている。この点は窓がないこととあわせて、この住宅を街から遠く離れた安息の場のように見せているのであるが、その感覚は住宅内部でさらに高められている。白い壁とガラス張りになった後方立面はリビングエリアを光で溢れさせる。

このような小さな住宅であるのに広さを錯覚させてしまうのである。1階は小さな中庭に面して開いている。上階ではアジェイは天井を高く取り、狭い寝室でも縦方向にゆったりと見えるようにした。多くの解説者がこの住宅を脅迫的であり反社会的であると表現し、実際に通りから完全に遮断されているものの、その代わりに住人は空とつながっているのである。2階部分ではガラス張りの立面は住宅の中心部分から後退しており、巨大な高窓のような効果が生み出されている。窓の代わりにアジェイは開閉可能な一連のトップライトを考え出し、各部屋に差し込む光の質が常に変化するようにしたのである。

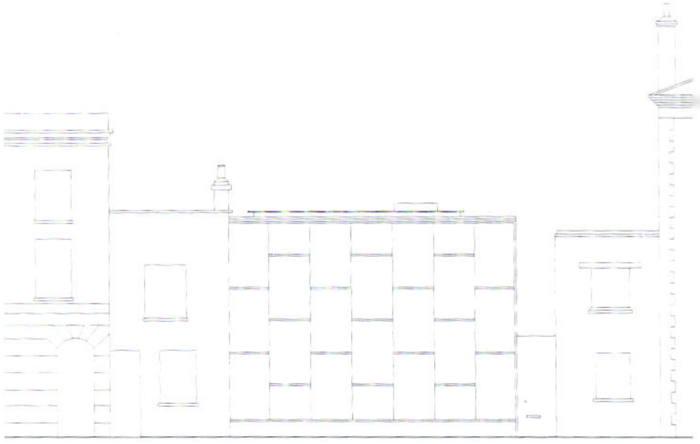

通り側の立面図

左端
通りから見た住宅は謎めいている。最も際立った特徴は窓がないという奇異な設計である。正面ファサードは、ブロックやガラスに代わる安価なマテリアルとしてフェノール樹脂加工合板のパネルが貼られている。

右
この住宅は激しい非難を巻き起こし、窓のない住宅は子供を育てるのに適切な環境かという問題を提起した人もいるが、多くの人々に認識されなかったのは、住宅の裏はほとんどすべてがガラス張りでありリビングエリアは光で満ちているという点である。

ピュー+スカルパ(PUGH+SCARPA)

アーティストのアトリエ、米国・カリフォルニア州サンタモニカ、2000

サンタモニカのベルガモットステーションは小さな大学のキャンパスのようなレイアウトになっている。かつては1870年代に建てられた工業倉庫であった場所に多数のギャラリーやデザイン会社がサンタモニカ美術館と共に立ち並ぶ。

ピュー+スカルパ建築事務所もこのベルガモットに移ってきた1つで、この複合施設で進行中の再開発に関わっている。彼らが手がけた最初の案件は、工業倉庫の1つをアニメスタジオに作り変えるというものであった。次に彼らに与えられた課題は、敷地内で唯一の新築建物を設計するというさらに困難なもので、これは1階がアトリエ兼ギャラリー、その上にライブと作業のための3つのスペースがある建物を美術館横の敷地の最南端を埋めるように建てるという内容であった。

上
南側ファサードは公道に面しており、北側ファサードのより幾何学的で複雑かつダイナミックな特徴を引き立てる役割をしている。

増築する建物は映画のセットのコピーのようなものではなくモダンな印象のものであるべきだと決めていたピュー+スカルパであったが、その出発点は周辺の工業地帯の景観や現場に既に存在していたマテリアル、すなわちスチール波板やコンクリートブロック、ガラスにあった。窓はこれらの手の込んだコラージュの一部となり、くっきりと縁取りされたガラス板は機能的な理由というよりもファサードを生き生きと見せるために配置された。南側ファサードは2つのファサードの内でもより抽象的で、金属波板の平面がLexanポリカーボネイトやコンクリートブロック、圧延スチール、ガラスからなる純粋な長方形のヴォリュームのなかに食い込むように配置されているのである。これらが一緒になって建物は後退しているように見え、抑制が効いた中にも、優美なレリーフや複雑なテクスチャーの組合せを生み出している。

北側ファサードはさらにダイナミックである。金属板が腕のように上から下へ伸び、入口部分を包み込むようにしながら保護し、さらに用途未定の空間を中庭や広場のような空間に活用できるように変えている。ここでも冷延スチールやポリカーボネイト、ガラスというマテリアルを並列して配置することにより、中の空間の正体を明らかにしない幾何学パズルの一部として機能させている。「私は表面処理に関心を持っているのです。これは1枚のシンプルなファサードを少数の認識可能なピースに分解したものなのです」とローレンス・スカルパは言う。

実際、建物内部はフレキシブルで、入居者による独自の空間作りが可能である。各ユニットは2階層分の空間を生み出すためステップフロアとなっている。リビングエリアは1階部分にあり、上側の寝室から見下ろすことができる。各寝室は建物の一辺に沿って設けられた連続した帯状のトップライトからの光で溢れている。

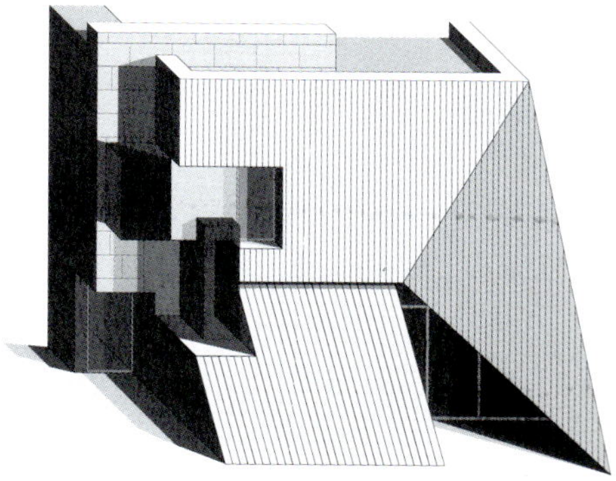

三次元パース

本頁
金属波板やスチールといった基本的なマテリアルの中に組み込まれた窓には、ガラスのものと半透明のLexanパネルのもののいずれにも、この建築家の設計におけるお家芸となったマテリアルの豊かさがある。

索引

斜体の数字は図版を示す

DG銀行，ベルリン（DG Bank, Berlin）　116, *116-19*
GSW本社，ベルリン（GSW Headquarters, Berlin）　74, *74-7*
MAアトリエ＆ギャラリー，福岡（MA Studio and Gallery, Fukuoka）　48, *48-52*
MVRDV　*150-3*, 151
Viiva建築事務所（Viiva Arkkitehtuuri）　24, *24-7*
impluvium（池）　63

あ

アーサー＆イボンヌ・ボイド教育センター，リバーズデール（Arthur & Yvonne Boyd Education Centre, Riversdale）　142, *142-5*
アーティストのアトリエ，サンタモニカ（artists' studios, Santa Monica）　170, *170-1*
アールト，アルバル（Aalto, Alvar）　142
アイルランド国立美術館，ダブリン（National Gallery of Ireland, Dublin）　128, *128-31*
アイレス・マテウス＆アソシエイツ（Aires Mateus & Associates）　*132-3*, 133
亜鉛の外装　*114*
上げ下げ窓　15
アジェイ，デイヴィッド（Adjaye, David）　168, *168-9*
アトリウム　102, *108*, 116, *118*
アトリエ
　MAアトリエ＆ギャラリー，福岡（MA Studio and Gallery, Fukuoka）　48, *48-52*
　アーティストのアトリエ，サンタモニカ（Artists' Studios, Santa Monica）　170, *170-1*
　せんだいメディアテーク，仙台（mediatheque, Sendai）　*44-5*, 45
アパート
　DG銀行，ベルリン（DG Bank, Berlin）　116, 116-19, 119
　インスブルック（Innsbruck）　164, 164-7
アムステルダム（Amsterdam）
　ヘットオステン本社（Het Osten Headquarters）　94-7, 95
　ボルネオ集合住宅（Borneo Housing）　150-3, 151
アラブ世界研究所，パリ（L'Institut du Monde Arabe, Paris）　38
アリゾナ，タイラー邸（Arizona, Tyler House）　*156-9*, 157
有馬裕之（Arima, Hiroyuki）　48, 48-52
アルフェルド，ファグス工場（Alfeld, Fagus Factory）　*14*, 16
アルミニウムパネル　24, *26*
板ガラス　20, 22
伊東豊雄（Ito, Toyo）　20, *44-5*, 45
インスブルック，集合住宅（Innsbruck, social housing）　164, *164-7*
ウィーン（Vienna）　20, 106
　近代美術館（Museum of Modern Art）　108, *108-11*
　レオポルド美術館（Leopold Museum）　108, *108-11*
ウィルフォード，マイケル（Wilford, Michael）　120, *120-3*
ウエスト・エイト（West 8）　151
ウォルソール，ニューアートギャラリー（Walsall, New Art Gallery）　54, 54-5
打放し壁　168
ウッド，ジョン（子）（Wood, John the Younger）　*13*
ウンガース，O.M.（Ungers, O.M.）　116
英国大使館，ベルリン（British Embassy, Berlin）　120, *120-3*
エリザベス1世（Elizabeth I, Queen）　7
エベルレ，ディートマル（Eberle, Dietmar）　164
エルメス銀座店，東京（emporiums, Hermes, Tokyo）　*40-3*, 41
エレクトラハウス，ロンドン（Elektra House, London）　168, *168-9*
オーニング（日除け）
　金属製　*87*
　木製　36, *37*
オールソップ＆ステーマー（Alsop & Stormer）　*72-3*, *88-91*, 89
オールソップ，ウィル（Alsop, Will）　89
オテルアビタ，メキシコシティ（Hotel Habita, Mexico City）　34, *34-5*
オフィス（事務所）
　DG銀行，ベルリン（DG Bank, Berlin）　116, *116-19*
　GSW本社，ベルリン（GSW Headquarters, Berlin）　74, *74-7*
　カトリックセンター，ベルリン（Catholic Centre, Berlin）　124, *124-7*
　カルティエ財団，パリ（Fondation Cartier, Paris）　38, *38-9*
　市庁舎，ムルシア（town hall, Murcia）　106, 134, *134-5*
　市庁舎，ユトレヒト（town hall, Utrecht）　136, *136-9*
　ヘットオステン本社，アムステルダム（Het Osten Headquarters, Amsterdam）　*94-7*, 95
　ロイズ船級協会，ロンドン（Lloyd's Register of Shipping, London）　102, *102-5*
オリエル窓　12, 16, 98, *101*
オルトナー＆オルトナー（Ortner & Ortner）　108, *108-11*
オルトナー，マンフレッド（Ortner, Manfred）　108
オルトナー，ラウリッツ（Ortner, Laudris）　108
温室　28, *31*

か

カーター／タッカー邸，ブリームリー（Carter Tucker House, Breamlea）　36, *36-7*
カーテンウォール　20, 38
会議室　*27*, 116, *119*
　ヘットオステン本社，アムステルダム（Het Osten Headquarters, Amsterdam）　*96-7*
階段　*64*
　アパート　*166*
　オフィス（事務所）　*139*
　ギャラリー　*49-51*
　住宅　32, 146, *148*
　大使館　*26*
回転窓　81, *146*
角形出窓　12, 16, 85, *85*
影，描写　85, *86*, *87*
カシータ（casita）　58, 61
カトリックセンター，ベルリン（Catholic Centre, Berlin）　124, *124-7*
カナルハウス　151
紙製ハニカムパネル　31
カルティエ財団，パリ（Fondation Cartier, Paris）　38, *38-9*
川越，はだかの家（Kawagoe, Naked House）　28, *28-31*
官公庁建物
　市庁舎，ムルシア（Murcia）　*106*, 134, *134-5*
　市庁舎，ユトレヒト（Utrecht）　136, *136-9*
　ライヒスターク，ベルリン（Reichstag, Berlin）　106
ガーマン・ライアン・コレクション（Garman Ryan collections）　54
学生寮　142, *145*
学生寮，コインブラ大学（student hostels, University of Coimbra）　*132-3*, 133
ガッラ・プラチディア，ラベンナ（Gallia Placida, Ravenna）　11
ガラスの家，ニューケーナン（Glass House, New Canaan）　20, *20*
ガラスの家，パリ（Maison de Verre, Paris）　16-18, 41, 42
ガラスの寺（清涼山霊源皇寺透静庵），京都（Glass Temple, Kyoto）　78
ガラスブロック　*40-3*, 41, 124
ガラス，歴史的代替品　11
企業の本社
　DG銀行，ベルリン（DG Bank, Berlin）　116, *116-19*
　GSW本社，ベルリン（GSW Headquarters, Berlin）　74, *74-7*
　ヘットオステン本社，アムステルダム（Het Osten Headquarters, Amsterdam）　*94-7*, 95

ロイズ船級協会, ロンドン
(Lloyd's Register of Shipping, London)
102, *102-5*
教育センター, アーサー&イボンヌ・ボイド教育センター, リバーズデール(Arthur & Yvonne Boyd Education Centre, Riversdale)
142, *142-5*
教会
カトリックセンター, ベルリン
(Catholic Centre, Berlin) 124, *124-7*
歴史的 11-12
京都(Kyoto)
ガラスの寺(清涼山霊源皇寺透静庵)
(Glass Temple) 78
白い寺(阿龍山瑞専寺紫光堂)
(White Temple) 78, *78-9*
金属波板 170, *171*
近代美術館, ウィーン(Museum of Modern Art, Vienna) 108, *108-11*
ギゴン, アネット(Gigon, Annette) 92
ギゴン/ゴヤー(Gigon/Guyer) 92, *92-3*
ギャラリー
MAアトリエ&ギャラリー, 福岡
(MA Studio and Gallery, Fukuoka)
48, *48-52*
展示スペース, 美術館(博物館)の項も参照
アイルランド国立美術館, ダブリン
(National Gallery of Ireland, Dublin)
128, *128-31*
グッゲンハイム美術館, ビルバオ
(Guggenheim Museum, Bilbao) 106
テート・モダン, ロンドン
(Tate Modern, London) 66, *66-9*
ニューアートギャラリー, ウォルソール
(New Art Gallery, Walsall) 54, *54-5*
ギリシャ建築 11
銀行, DG銀行, ベルリン(DG Bank, Berlin)
116, *116-19*
グッゲンハイム美術館, ビルバオ(Guggenheim Museum, Bilbao) 106
グミュール&ヴァッキーニ(Gmur & Vacchini)
160-3, 161
グラスゴー美術学校(Glasgow School of Art)
16, 17
グラフトン・アーキテクツ(Grafton Architects)
80-3, 81
グロピウス, ウォルター(Gropius, Walter)
14, 16
ケープタウン, ネルソン・マンデラ・ゲートウェイ
(Cape Town, Nelson Mandela Gateway)
154, *154-5*
景観, フレーミング 47-71
ゲーリー, フランク(Gehry, Frank)
106, 116, *116-19*
玄関ホール, 住宅 58, *82*
幻想(錯覚) 72-105
コインブラ大学, 学生寮
(University of Coimbra, hostels)
132-3, 133
コルカット, T.E.(Colcutt, T. E.) 102
コンクリート 162
コンスタンス湖畔の住宅
(Lake Constance, house) 98, *98-101*
梱包材料 28
ゴールデンビーチ, マイアミ
(Golden Beach, Miami) 58, *58-61*
合板, フェノール樹脂加工 168, *168*
ゴシック建築 12
ゴッドセル, ショーン(Godsell, Sean) 36, *36-7*
ゴメス=ピメンタ, ベルナルド
(Gomez-Pimenta, Bernardo) 34, *34-5*

さ

サザク地区, 図書館(Southwark, libraries)
72-3, *88-91*, 89
サパタ, カルロス(Zapata, Carlos) 58, *58-61*
サンシャイン病院, メルボルン
(Sunshine Hospital, Melbourne)
84-7, 85
サンタモニカ, アーティストのアトリエ
(Santa Monica, artists' studios)
170, *170-1*
サンドブラスト加工ガラス 34
サヴォア邸, ポワシー(Villa Savoie, Poissy)
18, 19
ザウアーブルッフ, マティアス
(Sauerbruch, Mathias) 74
シカゴ, レイクショアドライブ(Chicago, Lake Shore Drive) 19
色彩 72-105
オフィス(事務所) 74, *74-7*, 102, *102-5*
信号所 92, *93*
住宅 98, *98-101*
大使館 120, *121*
図書館 72, *88-91*, 89
病院 *84-7*, 85
シザ, アルバロ(Siza, Alvaro) 133
市庁舎
ムルシア(Murcia) *106*, 134, *134-5*
ユトレヒト(Utrecht) 136, *136-9*
市民の誇り 106
シャッター(雨戸)
色つき 74, *77*
折りたたみ式 53
ガラス繊維 56
硬材の羽根板 36, *36*, *37*
蝶の羽状 *90*
電動式ルーバー 102
銅製 164, *167*
銅製遮蔽板 58, *60-1*
フリット加工ガラスのルーバー 154, *155*
木製 133, *144*
木製羽根板 24, *25*, *27*
シャル邸, フェニックス(Schall House, Phoenix)
70, *70-1*
シャルトル大聖堂(Chartres Cathedral)
9, 12
シャロー, ピエール(Chareau, Pierre)
18, 41, 42
集合住宅, インスブルック
(social housing, Innsbruck) 164, *164-7*
シュロイダー邸(Schroder House) *15*, 16
ショーウィンドウ 41, *42*
書棚 *64*, *149*
シルヴィア, グミュール(Gmur, Silvia) 161
白い寺(阿龍山瑞専寺紫光堂), 京都
(White Temple, Kyoto) 78, *78-9*
信号所, チューリッヒ(signal box, Zurich)
92, *92-3*
寝室 *149*, 170
住宅
アパートの項も参照
アリゾナ(Arizona) *141*
エレクトラハウス, ロンドン
(Elektra House, London) 168, *168-9*
カーター/タッカー邸, ブリームリー
(Carter Tucker House, Breamlea)
36, *36-7*
個人住宅, ヴェルヴィエ
(Family house, Verviers) 32, *32-3*
コンスタンス湖畔の住宅
(house on Lake Constance)
98, *98-101*
ゴールデンビーチ, マイアミ
(Golden Beach, Miami) 58, *58-61*
サヴォア邸, ポワシー(Villa Savoie, Poissy)
18, 19
3軒の家, ハルヴィラー湖
(three villas, Halwiller See)
160-3, 161
シャル邸, フェニックス
(Schall House, Phoenix) 70, *70-1*
集合住宅, インスブルック
(social housing, Innsbruck)
164, *164-7*
タイラー邸, アリゾナ(Tyler House, Arizona)
156-9, 157
ナイト邸, リッチモンド
(Knight House, Richmond) 56, *56-7*
ノーメンターナ邸, ラベル
(Nomentana Residence, Lovell)
62-5, 5, 63
農家の増築, アントリム州
(farmhouse extension, County Antrim)
52-3, 53
ハルヴィラー湖(Halwiller See) *160-3*, 161
はだかの家, 東京(Naked House, Tokyo)
28, *28-31*
ベルギー(Belgium) *22*
ホール邸, ダブリン(Hall House, Dublin)
80-3, 81
ボルドーの家(house, Bordeaux)
146, *146-9*
ボルネオ集合住宅, アムステルダム
(Borneo Housing, Amsterdam)
150-3, 151
ジョージ王朝建築 15
ジョーンズ, アラン(Jones, Alan) *52-3*, 53
ジョイ, リック(Joy, Rick) 20, 141, *156-9*, 157
ジョンソン, フィリップ(Johnson, Philip) 20, *20*
水晶宮(クリスタルパレス), ロンドン
(Crystal Palace, London) *10*, 16
スイス連邦鉄道(Swiss Federal Railway) 92
水平フレーム 19, 47
水面の反射 95, *153*
スカルパ, ローレンス(Scarpa, Lawrence)
170
スケートボード・ランプ *27*
スコーギン・エラム&ブレイ
(Scogin Elam & Bray) *62-5*, 63

スコット卿, ジャイルズ・ギルバート
(Scott, Sir Giles Gilbert) 66
スリット窓 *46*
ギャラリー 128, *129*
住宅 58, *61*, 70, *70*, 81
美術館(博物館) 108, 109, 113, *113-14*
せんだいメディアテーク, 仙台
(mediatheque, Sendai) *44-5*, 45
仙台, せんだいメディアテーク
(Sendai, mediatheque) *44-5*, 45
セント・ジョン, カルーソ(St John, Caruso)
54, *54-5*
ソノラ砂漠(Sonora Desert) 141, 157

た

大使館
在ベルリン英国大使館
(British Embassy, Berlin) 120, *120-3*
在ベルリンフィンランド大使館
(Finnish Embassy, Berlin) 24, *24-7*
タイラー, ウォーレン(Tyler, Warren) 157
タイラー邸(Tyler House, Arizona)
156-9, 157
タイラー, ローズ(Tyler, Rose) 157
高窓 168
ダブリン(Dublin)
アイルランド国立美術館
(National Gallery of Ireland)
128, *128-31*
ホール邸(Hall House) *80-3*, 81
ダブルスキン 34, 38, 45, 77
チェンバーズ卿, ウィリアム
(Chamber, Sir William) 15
チッパーフィールド・デイヴィッド
(Chipperfield, David) 56, *56-7*
着色ガラス, 歴史的 11, 12
チューダー窓 12
チューブ 45
チューリッヒ, 信号所(Zurich, signal box)
92, *92-3*
テート・モダン, ロンドン(Tate Modern, London)
66, *66-9*
鉄道, 信号所, チューリッヒ(Zurich) 92, *92-3*
寺
ガラスの寺(清涼山霊源皇寺透静庵), 京都
(Glass Temple, Kyoto) 78
白い寺(阿龍山瑞専寺紫光堂)
(White Temple) 78, *78-9*
テン・アルキテクトス(Ten Arquitectos)
34, *34-5*
展示スペース *43*
ギャラリー, 美術館(博物館)の項も参照
店舗, エルメス銀座店, 東京(Hermes, Tokyo)
40-3, 41
デ・ステイル(de Stijl) 98, 101
デティエル, ダニエル(Dethier, Daniel)
32, *32-3*
デ・ブリーズ, ナタリー(de Vries, Nathalie)
151
トゥバク, タイラー邸(Tubac, Tyler House)
156-9, 157
東京(Tokyo)
エルメス(Hermes) 19, *40-3*, 41
はだかの家(Naked House) 28, *28-31*
図書館
グラスゴー美術学校
(Glasgow School of Art) 16, *17*
ペッカム(Peckham) *72-3*, *88-91*, 91, 89
トップライト 168
アパート棟 *166*
教会 124
ギャラリー *69*
住宅 168
寺 78
美術館(博物館) *108*
トルチェロ島(Torcello) 12
トレーサリー 12
銅の外装 24

な

ナイト邸, リッチモンド
(Knight House, Richmond) 56, *56-7*
ナイロン製の膜 28
ニック, ナイト(Knight, Nick) 56
ニューアートギャラリー, ウォルソール
(New Art Gallery, Walsall) 54, *54-5*
ニューケーナン, ガラスの家
(New Canaan, Glass House) 20, *20*
「ヌードル」, 梱包材料 28
ヌーベル, ジャン(Nouvel, Jean) 20, 38, *38-9*
ネルソン・マンデラ・ゲートウェイ, ケープタウン
(Nelson Mandela Gateway, Cape Town)
154, *154-5*
ノーメンターナ邸, ラベル
(Nomentana Residence, Lovell)
62-5, 63
農家の増築, ランデルスタウン
(farmhouse extension, Randlestown)
52-3, 53
ノルテン, エンリケ(Norten, Enrique)
34, *34-5*
ノルマン建築 12

は

はだかの家, 東京(Naked House, Tokyo)
28, *28-31*
ハットン, ルイーザ(Hutton, Louisa) 74
ハドンホール(Haddon Hall) *11*, 12
羽根板のスクリーン 24, 25, *27*, 36, *37*
ハルヴィラー湖, 3軒の家
(Halwiller See, three villas) *160-3*, 161
反射 95, *153*
バーガー(Berger) 24
バース, ロイヤルクレセント
(Bath, Royal Crescent) *13*
バーゼル, シグナルボックス(Basle, Signal Box)
92
バーネット, ウェンデル(Burnette, Wendell)
20, 70, *70-1*
バウムシュラーガー&エベルレ
(Baumschlager & Eberle) 164, *164-7*
バウムシュラーガー, カルロ
(Baumschlager, Carlo) 164
バスルーム *98*
ベルガモットステーション(Bergamot Station)
170
バルコニー
住宅 *60*
ホテル 34
バンクサイド発電所, ロンドン
(Bankside Power Station, London) 66
バンケティングハウス, ロンドン
(Banqueting House, London) *6-7*, 15
坂茂(Ban, Shigeru) 28, *28-31*
パクストン卿, ジョゼフ(Paxton, Sir Joseph)
10, 16
パラディオ様式 *12*, 15
パリ(Paris)
アラブ世界研究所
(L'Institut du Monde Arabe) 38
カルティエ財団(Fondation Cartier)
38, *38-9*
ガラスの家(Maison de Verre) 16, 41, 42
パルッキネン(Parkkinen) 24
ヒッチコック, アルフレッド(Hitchcock, Alfred)
8, *16*
ビーチハウス *46*
ビザンチン建築 11
美術館(博物館)
近代美術館, ウィーン
(Museum of Modern Art, Vienna)
108, *108-11*
ネルソン・マンデラ・ゲートウェイ, ケープタウン
(Nelson Mandela Gateway,
Cape Town) 154, *154-5*
ユダヤ博物館, ベルリン
(Jewish Museum, Berlin)
112-15, 113
レオポルド美術館, ウィーン
(Leopold Museum, Vienna)
108, *108-11*
展示スペース, ギャラリーの項も参照。
ビジヴォ, ベルナール(Bijvoet, Bernard) 18
病院, サンシャイン病院, メルボルン
(Sunshine Hospital, Melbourne)
84-7, 85
ビルバオ, グッゲンハイム美術館
(Bilbao, Guggenheim Museum) 106
ピアノ, レンゾ(Piano, Renzo) 19, 41
ピュー+スカルパ(Pugh + Scarpa)
170, *170-1*
ファグス工場, アルフェルド
(Fagus Factory, Alfeld) *14*, 16
ファンズワース邸(Farnsworth House)
20, *22*, 32
ファン・レイス, ヤコブ(Van Rijs, Jacob) 151
フィンランド大使館, ベルリン
(Finnish Embassy, Berlin) 24, *24-7*
フェニックス, シャル邸(Phoenix, Schall House)
70, *70-1*
フェリーターミナル, ネルソン・マンデラ・ゲートウェイ, ケープタウン(Nelson Mandela
Gateway, Cape Town) 154, *154-5*
フェルドマン, モートン(Feldman, Morton) 95
フェルメール, ヨハネス(Vermeer, Johannes)
8
フォスター・アンド・パートナーズ
(Foster & Partners) 106
フォトニクスセンター, ベルリン
(Photonics Centre, Berlin) 74
福岡, MAアトリエ&ギャラリー
(MA Studio and Gallery) 48, *48-52*

不透明ガラス、ホテル　34
フランス窓　19, 164
ブラインド、ガラス繊維　53
ブリームリー、カーター／タッカー邸(Breamlea, Carter Tucker House)　36, *36-7*
文化センター、せんだいメディアテーク (mediatheque, Sendai)　*44-5*, 45
　ギャラリー、図書館、美術館(博物館)の項も参照
プール　*158*
ヘーガー・ヘーア(Hoger Hare)　124, *124-7*
ヘットオステン本社、アムステルダム (Het Osten Headquarters, Amsterdam) *94-7*, 95
ヘルツォーク&ド・ムーロン (Herzog & de Meuron)　66, *66-9*, 92
ベランダ　36
ベルリン(Berlin)　20, 106
　DG銀行(DG Bank)　116, *116-19*
　GSW本社(GSW Headquarters) 74, *74-7*
　英国大使館(British Embassy) 120, *120-3*
　カトリックセンター(Catholic Centre) 124, *124-7*
　フィンランド大使館(Embassy of Finland) 24, *24-7*
　フォトニクスセンター(Photonics Centre)　74
　ユダヤ博物館(Jewish Museum) *112-15*, 113
　ライヒスターク(Reichstag)　106
ベンソン&フォーサイス(Benson & Forsyth) 128, *128-31*
ペッカム図書館(Peckham, libraries) *72-3*, *88-91*, 89
ペレ、オーギュスト(Perret, Auguste)　19
ホール、スティーブン(Holl, Steven)　*94-7*, 95
ホール邸、ダブリン(Hall House, Dublin) *80-3*, 81
方解石の外装　*134*
ホテル、オテルアビタ、メキシコシティ(Hotel Habita, Mexico City)　34, *34-5*
ボイド、アーサー(Boyd, Arthur)　142
ボイド、イボンヌ(Boyd, Yvonne)　142
ボルドーの家(House Near Bordeaux) 146, *146-9*
ボルネオ集合住宅、アムステルダム (Borneo Housing, Amsterdam) *150-3*, 151
ポリカーボネート板　48, *51*
ポワシー、サヴォア邸(Poissy, Villa Savoie) *18*, 19
ポンペイ(Pompeii)　11

ま

マーカット、グレン(Murcutt, Glenn) 36, 142, *142-5*
マース、ウィニー(Maas, Winy)　151
マーティン、ゲリー(Martin, Gerry)　8
マイアミ、ゴールデンビーチ(Miami, Golden Beach)　58, *58-61*
マイケル・ウィルフォード・アンド・パートナーズ (Michael Wilford & Partners) 120, *120-3*
マイヤー、アドルフ(Meyer, Adolf)　*14*
マクファーレン、アラン(Macfarlane, Alan)　8
マチス、アンリ(Matisse, Henri)　7
マッキントッシュ、チャールズ・レニー(Mackintosh, Charles Rennie)　16, *17*
マックラー、クリストフ(Mackler, Christoph) 98, *98-101*
マテウス、アイレス(Mateus, Aires) *132-3*, 133
窓の歴史　7-21
マリオン窓　12
ミース・ファン・デル・ローエ、ルードヴィッヒ (Mies van der Rohe, Ludwig) *19*, *22*, 32
ミラーレス、エンリク(Miralles, Enric) 136, *136-9*
ムルシア市庁舎(Murcia town hall) *107*, 134, *134-5*
メキシコシティー、オテルアビタ(Mexico City, Hotel Habita)　34, *34-5*
メディアホール、せんだいメディアテーク、仙台 (mediatheque, Sendai)　*44-5*, 45
メルボルン、サンシャイン病院 (Melbourne, Sunshine Hospital) *84-7*, 85
メンガーのスポンジ(Menger Sponge)　95
木製羽根板　24, 36, *37*
モダニズム　16, 72, 164
モネオ、ラファエル(Moneo, Rafael) *107*, 134, *134-5*
モルガー&デゲロ(Merger & Degelo)　92

や

屋根、芝で覆われた　32
山口隆(Yamaguchi, Takashi)　78, *78-9*
ユダヤ博物館、ベルリン (Jewish Museum, Berlin)　*112-15*, 113
ユトレヒト、市庁舎(Utrecht, town hall) 136, *136-9*
弓形出窓　12

ら

ラーキン、フィリップ(Larkin, Philip)　7
ラーク、レッグ(Lark, Reg)　142
ライアンズ(Lyons)　*84-7*, 85
ライト、フランク・ロイド(Wright, Frank Lloyd) 20, 64, 70
ライヒスターク、ベルリン(Reichstag, Berlin) 106
ラベル、ノーメンターナ邸(Lovell, Nomentana Residence)　*62-5*, 63
ラベンナ、ガッラ・プラチディア (Ravenna, Galla Placidia)　11
ランダルスタウン、農家の増築(Randalstown, farmhouse extension)　*52-3*, 53
ランデス家(Landes family)　58
リートフェルト、ヘリット(Rietveld, Gerrit) *15*, 16, 98
リチャード・ロジャース・パートナーシップ (Richard Rogers Partnership) 102, *102-5*
リッチモンド、ナイト邸 (Richmond, Knight House)　56, *56-7*
リバーズデール、アーサー&イボンヌ・ボイド教育センター(Riversdale, Arthur & Yvonne Boyd Education Centre)　142, *142-5*
リベスキンド、ダニエル(Libeskind, Daniel) *112-15*, 113
ルーバー(鎧戸)
　調節可能　36, *37*
　電動式　102
　フリット加工ガラス　154, *155*
ルイス、ウェンディ(Lewis, Wendy)　142
ル・グランジュ、リュシアン(Le Grange, Lucien) 154, *154-5*
ル・コルビュジエ(Le Corbusier)　*18*, 19, 72
レイクショアドライブ、シカゴ(Lake Shore Drive, Chicago)　*19*
礼拝堂、カトリックセンター、ベルリン (Catholic Centre, Berlin)　*127*
レオナルド・ダ・ヴィンチ(Leonardo da Vinci)　8
レオポルド美術館、ウィーン (Leopold Museum, Vienna) 108, *108-11*
レストラン　34
　テート・モダン、ロンドン (Tate Modern, London)　66, 69
　ヘットオステン本社、アムステルダム (Het Osten Headquarters, Amsterdam) *96-7*
レセプションエリア、オフィス　38, 38, *119*
レム・コールハース(Koolhaas, Rem) 146, *146-9*
連邦議会議事堂、ライヒスターク、ベルリン (Reichstag, Berlin)　106
ローマ建築　11
ロイズ船級協会、ロンドン(Lloyd's Register of Shipping, London)　102, *102-5*
ロイヤルクレセント、バース (Royal Crescent, Bath)　13
廊下、住宅　58, 164
ロジャース、リチャード(Rogers, Richard) 102, *102-5*
ロッシ、アルド(Rossi, Aldo)　116
ロッベン島(Robben Island)　154
ロンドン(London)　20
　エレクトラハウス(Elektra House) 168, *168-9*
　水晶宮(クリスタルパレス)(Crystal Palace) *10*, 16
　テート・モダン(Tate Modern)　66, *66-9*
　バンクサイド発電所 (Bankside Power Station)　66
　バンケティングハウス(Banqueting House) *6-7*, 15
　ペッカム図書館(Peckham library) *72-3*, *88-91*, 89
　ロイズ船級協会 (Lloyd's Register of Shipping) 102, *102-5*
ロンドン建築法(1774年) (London Building Acts, 1774)　15

わ

ヴァッキーニ、リヴィオ(Vacchini, Livio)　161
ヴァン・ゴッホ、ヴィンセント(Van Gogh, Vincent) 7
ヴェルヴィエ、個人住宅 (Verviers, Family House)　32, *32-3*

産調出版の本

ニューナチュラルハウスブック
エコロジー、調和、健康的な住環境の創造

デヴィット・ピアソン 著

ナチュラルハウスの概念を健康と環境の両面から包括的に取上げ、図版を用いて解説。

本体価格4,940円

床材フロアマテリアル
床材料の選定と仕上げ施工の為の完全設計・施工ガイド

デニス・ジェフリーズ 著
本橋 健司 監修

美しいカラー写真とイラストで、豊富な仕上げ例をやさしく、分かり易く解説。興味のある個人や新人の方にも充分活用可能。

本体価格3,300円

住まいの照明
あらゆるインテリアデザイン計画の基礎となる照明は室内ムードを決める軸となる。

サリー・ストーリー 著

住まい全体に効果的な照明を施すための秀逸なガイド。雰囲気あるこまやかな表情を出したい場合も、シャープなタスクライト照明が欲しいケースも、シチュエーションを問わず最適の効果を引き出すための方法を提案。

本体価格2,800円

インテリアカラーブック
11,264通りのカラーコーディネーションをシュミレート

天井と床と壁部分がそれぞれめくれて色合わせできる。これは本というより見本帳。画期的な三分割バインダー形式のカラーガイド。実際に欲しい色のペイントが手に入るコード番号付き。

本体価格3,210円

うまくいく室内のカラー計画
住まいの彩色事例百科

アニー・スローン 著

住まいの配色を迷わずすぐに選べる室内装飾の必携書。詳細な手書きのカラーパレットで3百種類以上の色を取り上げ、テーマごとの彩色事例を解説。顔料や塗料の配色レシピ付き。

本体価格3,200円

自宅のアート
自宅にある絵や写真、静物をインテリアに生かした暮らし

アラン・パワーズ 著

家にある絵や写真、静物をインテリアに生かした暮らしを提案。アートと住まいの魅力を引き出すための座右の書。

本体価格3,800円

CONTEMPORARY WINDOWS
窓のデザイン

発　　行　2005年7月25日
本体価格　3,900円
発 行 者　平野　陽三
発 行 所　産調出版株式会社
〒169-0074 東京都新宿区北新宿3-14-8
TEL.03(3363)9221　FAX.03(3366)3503
http://www.gaiajapan.co.jp

ISBN 4-88282-437-X C03052
Printed and bound in China

著　　者：アマンダ・ベイリー（Amanda Baillieu）
RIBA Journal誌の編集者。Independent紙とObserver紙のレギュラー寄稿者であり、Domusおよび英国の様々な出版物でも執筆している。2000年のRIBA Stirling Prizeの審査員を務め、Ellipsis社から出版された受賞作解説では序文を執筆。この序文はテレビのチャンネル4で放映されたRIBA Stirling Prizeについての番組で使われた。ロンドン建築財団が開催した"Jubilee Line Extension"展の図録を執筆。

翻 訳 者：越智 由香（おち ゆか）
1987年大阪外国語大学イスパニア語学科卒業。訳書に『風水大百科事典』『風水流がらくた整理法』『タッチセラピー』（いずれも産調出版）など。